Susanne Bregenzer

Schluss mit dem Mama-Stress

Wie ihr als Familie glücklich und frei leben könnt

Besucht meinen Blog auf www.familienuniversum.de
für mehr Geschichten und praktische Ratschläge!

Lektorat und Gesamtgestaltung:
Marek Firlej www.marekfirlej.de
Titelfoto: evgenyataman/depositphoto.com

Inhalt

Teil I

Gestresst, genervt, am Ende …

Wie und wobei genau hilft dir dieses Buch?

»Was ist dein größter Wunsch?«, fragt die Fee.

»Freie Hände!«, sagt die Mutter.

»Und der zweite Wunsch?«

»Zeit. Etwas mehr Zeit!«

Einen dritten Wunsch konnte die Mutter nicht äußern, denn als Wunsch 1 und 2 erfüllt waren, schlief sie einfach ein. Aber wahrscheinlich ist das sowieso ihr dritter Wunsch gewesen. Oder?

Uns Mamas, die wir allein mit den Kindern zu Hause sind – ob berufstätig oder nicht – scheinen Hände und Zeit zu fehlen. Und zwar dauernd. Zeit, mal eine Zeitschrift zu lesen? Zu duschen? Zeit, wir selbst zu sein?

Wir Mamas wünschen uns eine Stunde am Tag ohne Kinder, wünschen uns einen Feierabend zurück, wünschen uns, nur allein aufs Klo zu können. Manche Mamas freuen sich aufs Büro, weil sie dort in Ruhe arbeiten können. Mamas träumen von mehr Zeit, weniger Stress, mehr Händen, weniger Arbeit, mehr Ohren und mehr Mündern. Überhaupt, Mamas sollte man einfach klonen können!

Ich verrate dir jetzt etwas, das dich wahrscheinlich erstaunen wird: **Ich habe dieses Buch tagsüber geschrieben. Während meine Kinder da waren.**

Sie saßen *nicht* heulend in der Ecke, mit eingefallenen Wangen, und bettelten um Zuwendung, und es war auch keine Oma anwesend, um sie zu bespaßen, noch lief der Fernseher! Ich wurde öfter unterbrochen als Menschen ohne Kinder, aber ich konnte tun, was mich glücklich macht: schreiben.

Warum ich dir das erzähle? Damit du sicher weißt, dass du ein Leben haben kannst, obwohl du Kinder hast. Ich habe drei Jungs und alle drei sind unter acht Jahren alt. Meine Jungs sind wirklich keine Heiligen, die nur auf ihrem Popos sitzen und still Bücher anschauen – im Gegenteil!

Wenn du also nur noch für deine Familie lebst, das Gefühl hast, nie mehr Zeit für dich zu haben und ständig nach der Pfeife aller anderen zu tanzen: Dann ist dieses Buch für dich!

Aber auch, wenn ein kleiner Wirbelwind deine Wohnung verwüstet, dich provoziert und überhaupt nicht hört und niemals zur Ruhe kommt, dann hilft dir dieses Buch. Dir und auch deinem kleinen Tornado.

Es gibt in diesem Buch praktische Tipps, es geht um Hintergründe, ein wenig um Erziehung und ganz viel darum, zu sich selbst zu finden.

Du wirst im nächsten Kapitel Mama Melissa kennenlernen, die sich total gestresst fühlt. Wir begleiten sie gemeinsam auf ihrem Weg, ihren Alltag wieder für sich zu erobern und dabei eine liebevolle und tolle Mama zu sein und zu bleiben. Wenn du dich nur allzu sehr in Melissa wiedererkennst, dann hab keine Sorge: Ich habe keine heimliche Kamera in deinem Haus installiert. Melissa ist frei meiner Fantasie entsprungen. Allerdings habe ich mit vielen Mamas gesprochen, die die gleichen Probleme haben! Seit 15 Jahren befasse ich mich mit dem Thema Familie – und wie sie gelingt. Zuerst in meiner Funktion als Erzieherin, und seit 8 Jahren als Mutter von drei wilden Kerlen.

Ein ganz normaler Tag im Hamsterrad

Noch ein winziger Moment Ruhe. Nur das zufriedene Schlucken des Babys Nele an Mama Melissas Brust. Es ist noch dunkel. Kuschelig warm und vor allem: still. So schön ruhig.

Doch im nächsten Moment geht alles gleichzeitig los: der Wecker schrillt, der dreijährige Finn wacht auf und weint, Melissas Mann Sven poltert aus dem Bett und schaut gehetzt auf die Uhr. Er eilt ins Bad, während Melissa versucht, Finn zu sich zu rufen und dabei das Baby nicht zu wecken: Die Kleine trinkt noch immer.

Finn versucht sich neben das Baby zu quetschen und es gleichzeitig wegzuschieben. »Die soll weg!«, sagt er bestimmt. Klar, früher war das sein Platz. So lange ist es noch gar nicht her! Da beginnt die Kleine zu weinen. Melissa setzt sich auf, hebt die schreiende Nele an ihre Brust und quetscht Finn auf ihrem Schoß. Ihr Rücken schmerzt und sie sehnt sich nach einem Kaffee.

Endlich hat Nele fertig getrunken und Finn sich ebenfalls beruhigt. Er schaut sich jetzt ein Feuerwehrbuch an. Melissa steht auf, mit Baby auf dem Arm, und will in die Küche gehen. Da rennt Finn ihr hinterher: »Anziehn!«, fordert er. Nele fängt wieder an zu weinen und Melissa bemüht sich, mit einer Hand Kaffee einzuschenken. Zum Glück hat ihr Mann vorhin schon welchen gekocht. Finn zerrt an Melissas Jogginghose, die sie sich noch eilig überstreifen konnte.

»Anziehen!« Melissa nimmt einen viel zu heißen Schluck Kaffee und versucht vorsichtig, die kleine Nele in ihre Wippe zu legen. Doch Nele will nicht liegen. Also versucht Melissa, Finn mit dem Anziehen zu helfen, während sie Nele auf einem Arm wiegt. Finn liegt am Boden und macht kein bisschen mit.

»Zieh dich bitte an!«, sagt Melissa.

»*Du* sollz anziehn!«, mault er. Melissa schwitzt. Nele jammert. Finn mault weiter. Er tritt nach Melissa.

»Finn! Das mag Mama nicht!«, sagt Melissa. Finn tritt wieder und grinst. Dann rappelt er sich vom Boden auf, ohne Hose und ohne Windel und rennt ins Wohnzimmer. Er versteckt sich hinter dem Sofa. Melissa wickelt zuerst Nele, die so niedlich lacht, zieht sie an und macht sich daran, sich selbst anzuziehen. Endlich geschafft!

Jetzt angelt sie Finns Windel, Hose und Socken vom Wickeltisch und startet das Unterfangen, ihren Sohn nochmal einzufangen. Der hat inzwischen alle Taschentücher aus der Spenderbox gezogen und im ganzen Zimmer verteilt. Dazwischen hat er mit Sahne eine schöne Straße gezeichnet ...

Melissas Alltag-Tag hat noch nicht mal richtig angefangen und klingt nach dem totalen Albtraum, oder? Kommt dir das bekannt vor? Zwei so kleine Kinder zu haben und die meiste Zeit allein für sie zu sorgen, ist effektiv sehr stressig. Für jeden. Es ist also nicht deine Schuld, dein Versagen, dein Fehler, wenn es bei euch oft ähnlich anfängt. Aber ich habe eine gute Nachricht für dich: Mit ein bisschen Übung und dem Wissen aus diesem Buch wird sich die Situation bei euch zu Hause immer weiter entspannen. Du wirst lernen, welche Stellschrauben du drehen kannst, um deinen Alltag zu erleichtern.

Zum Glück lässt Baby-Nele sich auf eine Decke legen. Sie rollt zufrieden glucksend hin und her, aber Finn nimmt ihr jedes Spielzeug weg.

»Gib ihr das zurück!«, insistiert Melissa streng. »Du hast genügend Sachen hier«. Sie merkt, wie sie ungeduldig wird. Immer noch klebt die Sahne am Boden und Nele hat kaum Platz, sich zu bewegen. Nele heult wieder, als Finn ihr doch noch einmal die Rassel aus der Hand klaut. Er wirft die Rassel hinter das Sofa. Melissa gibt Nele ihren geliebten Schlüsselbund in die Hand. Die Kleine ist wieder zufrieden.

»Das ist nicht schön, Finn«, sagt Melissa müde. »Hol Nele doch bitte die Rassel zurück«. Aber noch während sie es sagt, weiß sie, dass sie selbst die Rassel holen wird. Denn Finn fährt jetzt mit seinem Legoauto durch das Wohnzimmer und tut so, als würde er Melissa überhaupt nicht hören. Gerade versucht Melissa hinter das Sofa zu greifen, gerade hat sie beinah die Rassel erwischt, da hört sie Nele auch schon aufheulen. Melissa dreht sich erschrocken um. Nele schreit in den höchsten Tönen, Finn ist mit seinem Auto gegen ihren Kopf gefahren. Finn sieht Melissa ausdruckslos an und schnappt sich das Legoauto.

»Finn, wieso musst du Nele ständig wehtun? Immer! Lass sie doch einfach mal in Ruhe! Was stimmt denn nicht mit dir?«, schreit Melissa verzweifelt. Finn sieht Melissa trotzig an und schreit ebenfalls: »Du blöde Mama!« Und jetzt wirft er das Legoauto nach ihr, das krachend an der Wand zerbricht.

»Sag mal, spinnst du eigentlich?«, brüllt Melissa. Nele weint noch lauter und Melissa hebt sie vom Boden auf, um sie zu trösten. Melissa ist so wütend auf Finn und so wütend auf sich selbst – und sie ist bestimmt genau das, was Finn sagt: eine ganz blöde Mama!

Natürlich macht sich Melissa selbst Vorwürfe: Sie denkt, dass Finn recht haben könnte, dass sie die schlechteste und gemeinste Mama der Welt ist. Sie fühlt sich mies und klein, weil sie ihn so angebrüllt hat. Kann sie nicht einfach mehr Geduld haben? Sich besser zusammenreißen? Wieso muss sie so überreagieren?

All diese Gedanken kreisen in ihrem Kopf und verhindern, dass sie wahrnimmt, was sie schon alles geleistet hat, wie sehr sie sich bemüht hat und wie sehr diese Situation alle stresst. Auch sie selbst. Ist es da überhaupt ein Wunder, dass ihr der Kragen platzt? Und dann immer dieser nagende Stress wegen des Haushalts, in dem es immer mehr und mehr zu tun gibt. In den nächsten Kapiteln werden wir gemeinsam herausfinden, dass Melissa nicht dauernd an ihrer Belastungsgrenze leben *muss*. Mama zu sein ist etwas, das man tatsächlich lernen kann! Und je mehr Übung an den richtigen Stellen stattfindet, desto leichter wird Melissa ihr eigener Alltag fallen. Sie wird wieder Ruhe und Zeit für sich finden und besser mit ihren Kindern klarkommen, ohne schreien zu müssen.

Teil II

Woher kommt eigentlich der Stress?

Als ich diesen Buchteil »Woher kommt eigentlich der Stress?« fertig geschrieben hatte und noch einmal gelesen habe, war ich überrascht. Ich hatte kein Kapitel darüber geschrieben, wie stressig eigentlich die Kinder sind. *Fehlt da was?,* habe ich mich gefragt. *Fehlen da nicht diese Geschichten darüber, wie anstrengend, nörgelig, streitlustig, quengelig, kompromisslos und provokant die Kinder sind?*

Nein. Nein, diese Geschichten fehlen nicht. Denn die Antwort liegt im folgenden Kapitel: Der Stress kommt meistens nicht von unseren Kindern. Er kommt aus uns selbst. Wir erleben ihn, wir machen ihn uns, wir sorgen dafür, dass wir das Mutter-Sein als Stress empfinden.

Warum ist das so?

In diesem Kapitel suchen wir nach den Ursachen dafür. Denn wenn wir die kennen, können wir besser gegen den Stress angehen.

Kleiner Spaziergang in die Vergangenheit

Wenn du etwa hundert Jahre in unsere Vergangenheit schaust, dann siehst du, dass es nur sehr, sehr selten vorkam, dass eine Frau allein (ganz allein!) für ein oder sogar mehrere Kinder zuständig war. Da gab es im Haus noch die

Magd, die Großmutter und irgendwelche kinderlosen Tanten oder Frauen aus dem Dorf, die manchmal halfen. Auch in den Städten waren da Hauslehrer, Kindermädchen usw., die für die Erziehung und Begleitung der Kinder sorgten.

Natürlich war die Pflege und Begleitung der Kinder zu jener Zeit weniger zentral und nicht so kompliziert: Babys mussten einfach schreien, um einzuschlafen, und »spuren« sowie »essen, was auf den Tisch kommt«. Das klingt jetzt herzlos, ist aber in Wahrheit unsere »pädagogische« Vergangenheit.

Die Aufgabe von Müttern hat sich also über die Zeit komplett verändert. Damals gab es viele Menschen im Haus, die halfen, dafür aber weniger Maschinen. Heute sitzen wir isoliert als Mama in einem maschinenbetriebenen Haushalt (zumindest unterstützt von Waschmaschine, Spülmaschine, Mixmaschine, Herd, ...) und fühlen uns oft einsam mit unseren Babys und Kleinkindern. Doch auch unsere Ansprüche und Anforderungen haben sich so sehr gewandelt: Wir wollen unsere Babys nicht mehr schreien lassen, wir wollen Bedürfnisse befriedigen und Gefühle begleiten. Wir wollen überdies intelligente Kinder, Kinder ohne Sprachfehler, Kinder ohne Benachteiligung und Hemmnis, Kinder ohne psychische Belastungen und Hürden. Kurz, wir wünschen uns eine tolle und glückliche Kindheit für unsere Sprösslinge.

Und es kommen noch weitere Schwierigkeiten von außen dazu. Umstände, die uns viel Unsicherheit bereiten und Entscheidungen, die uns deshalb oft schwerfallen. Umgang mit Medien. Impfdiskussionen. Stillen oder Abpumpen? Klassische Pädagogik oder das Konzept Unerzogen? Welche Schule, welcher Kindergarten, wann überhaupt und wie lang am Tag? Müssen oder wollen wir arbeiten gehen oder bleiben wir zu Hause? All diese Fragen und Verunsicherungen prallen (insbesondere) auf uns Mamas ein. Dazu kommt die mäßige bis fehlende Anerkennung für unsere Arbeit als Mama. »Das bisschen Haushalt« und »Du bist ja nur Mama« haben sich leider wacker gehalten und beginnen erst langsam sich abzubauen. Allmählich wird vielen Menschen doch bewusst, dass Kinder zu haben und einen Haushalt zu führen eben doch ganz schön viel Arbeit ist.

Die Symbiose zwischen Mutter und Kind

Melissa hat eines für sich schon gelernt: Sie ist 24 Stunden, 7 Tage die Woche für die Bedürfnisse von ihren Kindern zuständig. Wenn Nele schreit, muss sie springen. Das hat sie auch für Finn getan. Und tut sie immer noch. Und das ist auch gut so. Oder? Manchmal wünscht sie sich, ihr Mann würde mal springen – aber Sven scheint oft nichts zu sehen und nichts zu hören, ist zu beschäftigt oder muss sich ausruhen. Deshalb bleibt die Verantwortung stark an Melissa kleben. Das ist ja auch schön, das wollte sie doch auch. Sie wollte ja die Kinder! Aber gerade bei Finn wird sie manchmal regelrecht ungeduldig, wenn er ihren Einsatz fordert. Warum eigentlich?

Was ist eigentlich diese Symbiose?

Schon im Bauch lebt das Baby in der totalen Symbiose mit dir: Wenn du unterernährt wärst, dann würde dein Baby früher oder später ebenfalls Mangel leiden. Sobald dein Baby auf die Welt kommt, löst sich diese Symbiose ein kleines bisschen, und doch besteht (im Optimalfall) noch immer ein so enges Band, dass du spüren kannst, wenn es deinem Baby schlecht geht. Das ist von der Natur sehr schlau eingerichtet, da das Baby ja existentiell von dir abhängig ist. Nicht nur in Sachen Nahrung und Pflege, auch deine Berührung, Zuwendung und Ansprache ist für dein Baby lebensnotwendig. Aber nicht nur diese Äußerlichkeiten beeinflussen deinen Säugling stark, sondern auch deine Stimmung, deine innere Haltung. Ein Säugling lernt sehr schnell von deinem Verhalten, deiner Mimik und deiner Stimme abzulesen, ob er sicher ist oder sich in Gefahr befindet (nicht beachtet zu werden, nicht gefüttert zu werden, usw.).

Doch von dem Tag der Geburt an beginnt etwas, das für uns Mamas manchmal nicht ganz so einfach ist, denn wir sind eben nur Menschen und keine selbstlosen Existenzen:

der Ablösungsprozess. Das bedeutet jetzt nicht, dass alle Mamas Glucken sind – vielmehr ist es einfach schwer, immer genau zu wissen (oder zu spüren), in welchem Stadium der »Ablösung« Mama und Kind gerade sind, was das Kind braucht und inwiefern Mama sich jetzt zurücknehmen, wieder zu sich finden und das Kind auch mal ein wenig herausfordern darf. Aber auch, wann sie wieder die volle Zuwendung und Versorgung geben muss (in Erholungsphasen des Kindes) und wann es wieder weitergeht mit der Ablöse-Entwicklung.

Die Ablöse-Entwicklung des Kindes von der Mutter

Die Begleitung von Kindern ist eine Kunst! Ja wirklich. Diese Kunst ist es, inwiefern wir unsere Hilfestellungen und das sofortige Reagieren auf jede Gemütsregung unserer Kinder langsam, behutsam und doch auch mal ein wenig herausfordernd zurücknehmen dürfen.

Zurücknehmen? Also schreien lassen oder was?

Nein, nicht schreien lassen.

Aber du wirst mir ganz recht geben, dass die Bedürfnisse von Finn und von Nele einfach unterschiedlich sind. Nele braucht eine schnelle Reaktion auf ihre Äußerungen, weil sie noch so klein ist. Finn hingegen kann auch mal auf sein Essen warten oder seinen Durst selbst stillen. Er soll nicht ständig warten oder zurückstehen, aber die eine oder andere Hilfestellung ist gar nicht mehr nötig. Und der zusätzliche, sinnvolle Aspekt dabei ist: Wenn Finn ab und zu warten muss (so, wie er es aushält), dann stärkt sich seine Kontrollinstanz im Gehirn, die wiederum im Präfrontalen Cortex angesiedelt ist.

Wenn Finn sich jetzt auch mal einen Schuh selbst anziehen soll oder Wasser einschenken, dann wächst er gefühlte zehn Zentimeter vor Stolz und fühlt sich erwachsen und selbständig. Kinder wollen die meiste Zeit gerne groß sein, und wenn sie es mal nicht wollen, dann sind sie müde, sehr hungrig oder haben eine Phase, in der sie noch einmal Mama tanken wollen.

Wir Mamas müssen also begreifen und mit Hilfe unserer Intuition entscheiden: Wann ist es wichtig auf ein Kind sofort zu reagieren – oder es aufzufordern auch mal selbst zu tun, sich zurücknehmen oder zu warten. Trau dich von deinen größeren Kindern ruhig etwas zu fordern. Es ist nicht gut für sie, wenn du ständig springst!

Fehlende Anerkennung

In unserer Gesellschaft leidet die Arbeit als Mutter darunter, viel zu wenig anerkannt zu werden. Diese fehlende Anerkennung wirkt nicht bloß ein bisschen störend am Rande, sondern monstermäßig stark in allem, was wir tun: Anerkennung ist ein menschliches Grundbedürfnis. Wenn eines der Grundbedürfnisse nicht erfüllt werden, wirkt sich das extrem auf den Stresspegel aus. Aber nicht nur darauf: Für unsere psychische Gesundheit, Erfüllung im Leben, Zufriedenheit und Glück sind vier Grundbedürfnisse unerlässlich, die da wären:

- Bindung
- Selbstbestimmung und Orientierung
- Lustgewinn und Unlustvermeidung
- Anerkennung, Selbsterhöhung

Wer diese Grundbedürfnisse dauerhaft nicht erfüllt (und damit sich selbst nicht erfüllt), kann tatsächlich psychische Erkrankungen erleiden. Das ist also kein Witz. Es ist unheimlich wichtig für uns Mamas (und alle anderen Menschen auf der Welt), diese Bedürfnisse zu befriedigen.

Aber ich bekomme doch Anerkennung! Oder?

Fehlende Anerkennung merkt man zuallererst an der fehlenden Bezahlung für unsere Arbeit. Natürlich haben wir nicht Kinder bekommen, um reich zu werden. Und doch sorgen wir immerhin für den Fortbestand der Menschheit, was aber gesellschaftlich als eine Art egoistisches Hobby deklariert wird. Bezahlung ist natürlich Existenzsicherung, aber eben auch das, worum es mir in diesem Kapitel geht: Anerkennung für deine Arbeit, Anerkennung für deine Aufopferung, Anerkennung für deinen Mut.

Während die Anerkennung in Form von Bezahlung also fehlt, stehen besonders Mütter (im Gegensatz zu Vätern) stark auf dem Prüfstand. Über die Spezies Mama und ihre »Leistungen« wird schon fast am meisten gelästert, gleich nach Donald Trump. Die eine ist zu gluckig, die andere eine Rabenmama, die dritte lässt sich von ihrem Nachwuchs tyrannisieren und die vierte ist viel zu streng. Jede Regung von deinem Kind wird als dein Versagen (oder Erfolg!) gewertet. Das passiert zwar auch in deinem eigenen Kopf – aber es wird auch von anderen gedacht und von ihnen tatsächlich ausgesprochen.

Niemand kennt die Leistungen von Mamas wirklich (meistens nicht mal Mamas selbst) – denn sie werden stillschweigend erbracht. Es ist einfach Mamas Job. Ein geheimer, nicht erkennbarer und vor allem nicht anerkannter Job. Manchmal hören wir es noch erstaunt von unseren Männern, wenn sie mal zwei Tage allein mit den Kindern waren: »Mann, ist das viel Arbeit« – und dabei haben sie vielleicht gerade mal die Hälfte gemacht, denn die Wäsche türmt sich und das Waschbecken starrt vor Dreck. Diese Erkenntnis unserer Männer – wenn sie denn mal kommt – ist Balsam für unsere Seele, denn sie beinhaltet genau das, was uns so fehlt: Anerkennung.

Manchmal denkt Melissa, dass sie es doch wirklich gut hat. Besonders dann, wenn ihr Mann Sven morgens in den Schneematsch hinaus muss, zur Arbeit, und Melissa es sich mit den beiden Kindern nochmal im Bett gemütlich macht. Ja wirklich, das ist der reinste Luxus.

Heute ist Melissas Tag perfekt: Sie darf alleine einkaufen gehen! Sven traut sich mit beiden Kindern auf den Spielplatz. In ihrer Traumvorstellung kommt sie dann vom Shopping nach Hause, lädt die Sachen aus und findet eine fröhliche Mannschaft gut versorgter Kinder vor, die mit Papa auf dem Sofa »Wer klopft bei Wanja in der Nacht« liest. Aber das Gegenteil passiert. Als sie nach Hause kommt, schreit Nele, wirbelt Finn durch die Wohnung und hat Sven dieses wütende Gesicht, das er aufsetzt, wenn alles schiefgelaufen ist.

»Mit denen kann man nirgendwo hingehen, der läuft ja immer weg! Außerdem habe ich einem anderen Kind Finns Schaufel geliehen und dann hat er mich angebrüllt, den ganzen Heimweg. Er hat sie nicht gebraucht und ich will nicht in so einer assigen Familie leben, die nicht teilen kann. Mit denen kann man überhaupt nichts machen!«, motzt Sven los und Melissa starrt ihn fassungslos an. Finn heult schon wieder los und klammert sich an Melissas Bein und Nele will auch sofort gestillt werden. Da sitzt sie also auf dem Sofa, Finn am Bein und Nele an der Brust, die Einkäufe stehen einfach so in der Küche und tauen vor sich hin, während Sven verschwunden ist! Erst mal Computerspielen im Keller. Anscheinend kann Melissa nicht alleine weg. Anscheinend kann Sven die Kinder nicht nehmen. Na gut, er hat weniger Übung. Aber hätte er nicht auch mal mitbekommen haben müssen, wie fuchsig Finn mit seiner Schaufel ist? Hätte er nicht wissen müssen, dass Finn wegläuft?

Kinder zu versorgen ist nicht nur viel Arbeit, es ist außerdem Beziehung, Erkenntnis, Einfühlung und dauerndes »Standby«. Und diese Anstrengungen sieht einfach niemand. Melissa hätte gewusst, dass sie Finns Schaufel nicht verleihen darf. Und dass er wegläuft, das wäre ihr auch klar gewesen. Damit nicht alles aus dem Ruder läuft, hätte sie dieses Wissen miteinbezogen, ganz automatisch und natürlich. Geben wir uns doch selbst Anerkennung für unsere Leistungen, die ähnlich sind wie die, von Melissa. Anerkennung dafür, dass es eben kein reines Pupskackapipi Wegputzen und Rotz Wischen ist, ein Kind großzuziehen. Es ist nichts Langweiliges, Unterforderndes oder Minderwertiges daran, Mama zu sein. Es ist hochanspruchsvoll – und du kannst vieles davon schon verdammt gut!

Die hohen Ansprüche an uns selbst

Woher kommen denn nur unsere wahnsinnig hohen Ansprüche an uns selbst? Wir sind einfach in einer Gesellschaft der Konkurrenz, der Leistung und der Erziehung (und meistens ja doch der defizit-orientierten Erziehung) aufgewachsen. Wir genügen nur, wenn wir auch dafür anerkannt werden. Weil wir aber keine Anerkennung für unsere Tätigkeit als Mama bekommen, steigen wir früher oder später in ein Hamsterrad ein – ein Hamsterrad aus Anstrengen und »Niemals Ankommen«.

Wir Mamas haben oft sehr, sehr hohe Ansprüche an das Aussehen unserer Wohnung, unseres Äußeren und auch an die höchstmögliche Qualität der Zuwendung zu unserem Nachwuchs. Es gibt Mamas, die wollen es immer aufgeräumt haben, ihr Kind niemals zu laut ansprechen, immer wie aus dem Ei gepellt aussehen und haben den Vorsatz, jeden Tag mit ihrem Kind zu spielen. Und übrigens auch jeden Tag frisch zu kochen.

Wenn du nur die Hälfte dieser Anforderungen an dich hast, kann dich das schon unter Druck setzen. Ein gewisses Maß von alledem ist schon wichtig, aber die Frage ist eben: Was davon sind einfach *unrealistische* Ansprüche an uns selbst?

Dinge, die in deinem Kopf auf der To-do-Liste stehen, die du aber nie erfüllen kannst, die rauben abartig viel Energie! Es ist anstrengender etwas tun zu *wollen* – als es tatsächlich einfach zu tun.

Selbstwert für Mamas

Wir haben also hohe Ansprüche an unsere eigene Perfektion. »Jetzt hast du das wieder nicht geschafft.« »Schau mal, andere Mamas haben es doch auch ordentlich.«, »Jetzt hättest du doch auch schnell noch das Bad putzen können.« »Und wie hässlich und fett du wieder aussiehst. Das liegt an der wenigen Bewegung. Also ein bisschen Sport ...«

Du weißt, worauf ich hinauswill: Die eigene Abwertung treibt dich dazu, immer noch bessere Leistungen zu vollbringen, während du aber nie ankommst. Denn die Anerkennung bleibt aus.

Das ist ein Teufelskreis, denn solange wir herumlaufen und das Spiel mitspielen, uns also schlechtmachen, herabwürdigen und unsere Leistungen abwerten, wird auch kein anderer auf die Idee kommen, unsere Leistungen plötzlich als besonders anzusehen. Es kommt kein Ritter in Weiß, der uns lobt und uns in unserem Einsatz als Mama bestärkt und ihn der Welt sichtbar machen wird. Das müssen wir selbst tun. Selbst unseren Wert anerkennen. Selbst erkennen, was wir alles gut und richtig machen, und uns selbst loben.

Was dieser Anspruch der Aufopferung mit uns macht

Glaubst du, dass du eine gute Mama sein kannst, ohne dich aufzuopfern? Ein gewisses Opfer erbringst du, keine Frage: das Opfer der ungestörten Fernsehnachmittage, finanzielle Einbußen, vielleicht auch das Opfer der total straffen Busen. Es gibt also ein Maß an Aufopferung, das ganz natürlich kommt. Gleichzeitig bekommst du dafür ja ein großes Geschenk. Das Geschenk der Liebe, das Geschenk, jemanden zu haben, für das sich ein Opfer von dir auch wirklich lohnt – dein Kind.

Ich selbst habe gerade Letzteres sehr stark empfunden. Wenn mein Baby weinte und ich es trotz Sehnenscheidenentzündung und Schlafmangel herumgetragen habe, dann brachte ich ein Opfer. Aber dieses Opfer stieß auf so große Dankbarkeit von meinem Baby (das aufhörte zu schreien), dass ich es sogar (meistens) gerne erbrachte. Das ist anders als für irgendeine Arbeitsstelle zu buckeln!

Dass ein Baby manche Opfer erfordert, darüber müssen wir nicht streiten. Die Frage ist: Wann darf Frau denn wieder Frau sein, ohne deshalb eine schlechte Mama zu werden?

Manche Frauen meinen ja schon, allein deshalb keine guten Mamas zu sein, weil sie sich nicht so sehr aufopfern wollen. Andere Mamas definieren sich gerade über diese Aufopferung. Bei ihnen geht es aber nicht mehr um den existenziellen Körperkontakt für den Säugling, sondern um das schön dekorierte Pausenvesper, das teuerste Weihnachtsgeschenk, darum, jeden Tag vier Stunden zu spielen und vorzulesen. Darum, Qualitätszeit mit dem Kind zu verbringen oder möglichst viele Angebote am Nachmittag bezahlen zu können (Geige, Reiten, Taekwondo, ...).

Beim Thema Aufopferung können wir einander regelrecht an die Gurgel springen: Wie kann diese Frau nur arbeiten gehen, wenn ihre kleinen Kinder sie zu Hause bräuchten? Wie kann diese Frau ihre Kinder nur so einer finanziellen Unsicherheit ausliefern, wenn sie nicht arbeiten geht? Wieso lässt die eine Mama ihre Kinder ständig fernsehen und die andere ihre Kinder nicht ordentlich fördern? Das Opfer, das jede Frau erbringen will und erbringen kann, sieht bei jedem anders aus. Und was für die eine Frau ein Opfer ist, ist für die andere gar keins.

Was aber bleibt, ist die stillschweigende Meinung, dass wir Mütter uns aufopfern müssen, dass wir ansonsten keine richtig guten Mütter sind – und diese Meinung herrscht ja sogar bei Mamas vor, die sich selbst ungern aufopfern. Sie tragen dann ein schlechtes Bild von sich, eine schlechte Mama zu sein. Das belastet und bedrückt. Es schwächt das Selbstbewusstsein und nagt an der Zufriedenheit. Mit dieser Ansicht, eine schlechte Mutter zu sein, führen wir uns selbst ins Unglück. Wir sind niemals einverstanden mit unserer eigenen Leistung und können kein Erfolgserlebnis empfinden.

Es macht uns Stress. Die Ansicht, entweder nicht so opferbereit zu sein, wie es sich für eine gute Mama gehört, wertet uns selbst ja ab. Oder wir opfern uns eben auf, um eine gute Mama abzugeben – und leben dann im ständigen Stress. Denn all diese Opfer zu erbringen, ist sehr anstrengend.

Teil III

Was tun?
Grundlagen und Tipps für den Alltag

Nun kommen wir endlich zu unseren gemeinsamen Zielen: **Alle Mitglieder deiner Familie können zufrieden und glücklich miteinander leben. Dein Alltag ist auch wirklich *dein* Alltag.** Das klingt vielleicht ein bisschen nach Märchen. Wir leben ja auch nicht im rosa Zuckerwatteland auf Wolke 7 – und trotzdem! Trau dich und stelle dir deinen Alltag mit deinen Kindern vor, wie er alle aus deiner Familie glücklich machen würde. Auch dich. Vor allem für dich. Stell dir vor, du hättest Zeit für dich. Deine Kinder würden nichts kaputt machen. Du könntest ruhig mit ihnen sprechen und sie würden dir zuhören. Stell dir vor, du wärst am Abend fertig mit deiner Arbeit und hättest um 19.30 Uhr Feierabend. Wirklichen, richtigen Feierabend, an dem du tun kannst, was du willst!

Ich verrate dir nun etwas Wichtiges: Der Alltag ist für deine Kinder auch nicht schön, wenn du darunter leidest, wie er ist. Natürlich haben sie vielleicht eine gut funktionierende Mama, die alles macht, was sie soll. Und doch wollen deine Kinder dich spüren, deine Freude, dein Glück, dich als Mensch.

Natürlich wollen deine Kinder die »Weihnachtsbäckerei« von Rolf Zuckowski hören und sie wollen Pommes mit Nutella essen – aber sie können durchaus auch mal (vielleicht mit Freude) deine Musik mithören und bestimmt finden sie auch etwas »Essbares« unter deinen Leibspeisen.

Es gibt Mamas, die gerne eine Ecke in der Wohnung ganz für sich hätten. Auch das können Kinder akzeptieren und respektieren lernen. Du wünschst dir vielleicht, einmal in der Woche keine Wäsche aufhängen zu müssen – und ich wette, es wird sich eine Möglichkeit finden, dies durchzusetzen. Und du wünschst dir vielleicht einen Feierabend zurück. Eine Zeit am Tag, in der du tun kannst, was du willst, und die dir allein gehört. Wäre das nicht schön?

Worauf ich hinaus will? In diesem Buch geht es genau darum: dir als Mama wieder einen eigenen, persönlichen Platz in deiner Familie zu geben. Dir, nicht als Rundumversorgerin und Bedürfnisbefriedigerin, blöd ausgedrückt: als Dienerin für alle Ansprüche – sondern dir als Mensch, als Mensch mit Namen, mit Wünschen und mit Bedürfnissen. Lass uns loslegen!

Mach einfach mal weniger

Melissa hat Glück: Baby-Nele schreit nicht im Auto. Bei der Fahrt zum Arzt liegt sie ganz zufrieden in ihrem Kindersitz und beginnt erst zu quengeln, als Finn ihr das Kartonbuch klaut, mit dem sie gespielt hat.

»Nicht Doktor Karls!«, ruft Finn und klammert sich an seinen Sitz, sobald sie vor der Praxis halten. Melissa sieht ihn erstaunt an. Bisher mochten beiden Kindern den Dr. Karls ganz gerne! Was ist nur los?

»Nein, nein!«, schreit Finn und beginnt zu weinen. Da fällt es Melissa ein: Könnte sein Verhalten von der letzten

Impfung kommen? Ja, das letzte Mal waren sie hier, als Finn geimpft wurde. Oh je. Erinnert er sich wirklich noch daran? Er hatte die Spritze gehasst!

»Finn, heute nicht du, heute ist doch Nele dran«, erklärt Melissa in das Geschrei hinein. Finn schreit weiter. Melissa überlegt. Soll sie den Termin absagen? Nein. Er ist schon wochenlang geplant, wie jede U-Untersuchung. Außerdem wollte Melissa Dr. Karls noch etwas wegen Finns »Sch«-Aussprache fragen, denn er kann diesen Laut nicht richtig aussprechen und ersetzt ihn immer durch »s«.

»Nein!«, schluchzt Finn, und als Melissa ihn aus seinem Kindersitz befreien will, klammert er sich daran fest. Endlich löst sie ihn aus dem Sitz und jetzt beginnt auch Nele richtig zu weinen. Wenn Finn weint, dann weint sie mit! Also eilt Melissa zu Nele und nimmt sie hoch. Sie bugsiert beide Kinder in die Praxis, aber Finn weigert sich, die Jacke auszuziehen. Erst als Melissa ihm verspricht, »Haulemann« vorzulesen, wird er ruhiger. Mit Nele wippend und Finn vorlesend muss Melissa warten. Als das Buch zu Ende ist, beginnt Finn zu spielen und zieht einen großen, hölzernen Bagger unter der Sitzbank hervor. Er brummt leise. Melissa liest sich die Aushänge am schwarzen Brett durch, während sie Nele schunkelt. Darunter gibt es eine Menge Anzeigen wie: »Pekip-Kurs – damit ihr Baby optimal gefördert wird« und »Logopädie: damit es keine Nachteile für das Kind gibt«, und dann ist da noch das Kinderturnen (Melissa hakt es erleichtert ab, denn dorthin geht sie ja schon mit den

Kindern) und »Reiten für die Kleinsten«. Das klingt auch toll. Die Kinder würden ein gutes Körperbewusstsein bekommen und könnten Ängste abbauen. Das wirke sich nicht nur auf den Umgang mit dem Pferd aus, sondern schlage sich im Alltag nieder. Außerdem verhindere es Blockaden und Schulprobleme, steht da.

Die Tür klackt und eine Melissa bekannte Mutter mit ihren Zwillingen kommt herein. Sie stellt die beiden friedlich schlafenden Babys in ihren Babysafes auf dem Boden ab und begrüßt Melissa.

»Oh, schau mal, da im Reiten haben wir unsere Große, das ist so toll! Sie ist total glücklich und man merkt wirklich, dass sie sich sehr daran entwickeln kann!«, schwärmt die Bekannte. »Sie verkraftet seitdem auch besser, dass die Zwillinge da sind. Außerdem ist das Bettnässen besser geworden, ehrlich. Wirklich toll!«

Melissa kommt ins Grübeln. Ob sie Finn dort anmelden soll? Aber Montagnachmittag ist auch Babyschwimmen, was die kleine Nele so gut findet. Meistens jedenfalls. Finn darf dann mitschwimmen. Ob sie das Reiten davor noch reinquetschen könnte? Dienstag ist das Kinderturnen und Donnerstag ist dann Müttertreff. Da will sie auch gerne hin, wegen der Kontakte für die Kinder und so. Melissa wird unterdessen aufgerufen und Klein Nele soll nackt ausgezogen werden, für die Untersuchung. Nach eingehendem, routiniertem Check stellt der Arzt fest, dass Nele gesund ist und munter, ein gut entwickeltes Kind mit exzellent entwickeltem Stimmorgan: Sie brüllt mal wieder. Melissa ist froh, dass alles o. k. ist. Dann fragt sie Dr. Karls über das Geschrei hinweg noch nach dem »Sch« von Finn. Dr. Karls nickt. Na gut, da könne man natürlich schon was machen, aber müsse noch nicht. Logopädie mache aber auch Spaß, da gäbe es ganz tolle Therapeuten. Als Melissa zurück ins Wartezimmer kommt, macht sie noch ein »Playdate« mit ihrer noch immer wartenden Bekannten aus. Nein, sie versucht es zumindest. Aber die meisten Tage sind schon total verplant ...

Es ist ja nicht nur das Programm, das unsere Kinder haben – und vielleicht habe ich im Beispiel ja auch ein wenig überzogen. Oder doch nicht? Wir haben ja selbst mal noch den einen oder anderen Termin, der Mann will auch zum Friseur oder Zahnarzt, die Freunde von weiter weg hat man schon ewig nicht mehr gesehen und man muss endlich den Keller aufräumen, den Rasen mähen und das Garagendach von Moos befreien, weil es reinregnet. Ach, hat eigentlich jemand ans Reifenwechseln gedacht?

Unser Leben mit Kindern taktet sich durch, es gibt wenig Zeit zum Verschnaufen.

Wo wir doch gerade beim Rennen und beim Stress sind: Mach einfach mal weniger!

Weniger reicht auch! Echt.

Toller Tipp? Wie kann diese blöde Autorin jetzt nur glauben, man könnte »einfach« weniger tun? Aber wer bäckt dann die 200 Lebkuchen für den Schulbasar? Und wer bringt Fred bei, das »L« richtig auszusprechen? Wer betreut die Hausaufgaben der 10-jährigen Marie, die absolut keinen Bock auf Mathe hat? Ohne all das bekomme ich Ärger. Richtigen. Ärger. Monstermäßigen …

Das denkst du jetzt vielleicht? So, oder so ähnlich?

Die besten Lösungen sind wirklich »einfach« – schwer ist es nur, sie umzusetzen. Hochkomplizierte Lösungen sind meistens gar nicht gefragt. Einfach. Weniger.

Aber wie kriegst du das hin?

Werde dir darüber klar, dass du ausgebrannt niemandem mehr »dienen« kannst. Weder deinen Kindern noch dem Schultheaterprojekt noch der kranken Oma. Vor allem aber nicht dir selbst. Niemandem eben! Das bedeutet, wenn du immer mehr und mehr und unsinnig mehr von dir selbst forderst, dann kommt der Tag, an dem alles explodiert oder du zusammenbrichst. Es kann sich allerdings auch um kleinere, häufigere Zusammenbrüche handeln, wenn du z. B. deine Kinder oder deinen Mann anschreist. Obwohl du also alle äußerlichen Bedürfnisse und Wünsche deiner Lieben und deiner Umgebung erfüllst, wird die Situation, in der du mit deiner Familie lebst, immer unglücklicher und schlimmer.

Das, was du also verstehen musst, ist: Lass es also erst gar nicht so weit kommen.

Ich sage nicht: »Leg dich auf die faule Haut und mach nur noch das, worauf du Bock hast!« Was ich sage, ist: *Einfacher. Weniger.*

Das bedeutet: Du übernimmst für dich, für dein Leben (aber auch für das deiner Familie) die Verantwortung. Du lernst, dich selbst zu bewachen, deine Überlastungsgrenzen zu kennen. Und dann kommt das kleine, aber deutliche, nicht sehr beliebte Wort, das du sagen musst, wenn dein Sohn unbedingt noch in den nächsten Sportverein will und deine Tochter nach dem Bastelabend quengelt: Nein.

Einfach Nein.

Um dir selbst eine Hilfestellung zu geben, kannst du ja ruhig zu dir selbst sagen: »Nein, wenn ich das jetzt auch noch übernehme, dann werde ich zusammenbrechen und das hilft niemandem. Also ist die Antwort: Nein«. Und das ist o. k. Das ist wirklich o. k.!

Noch ein Hinweis: Dinge, die dir wirklich Spaß machen und dich erfüllen, die brennen dich nicht aus und machen dich nicht »fertig«. *Prima*, denkst du jetzt vielleicht, *ich würde gern mal wieder allein verreisen oder wenigstens allein in die Sauna und zum Shoppen gehen* – das wäre etwas, was dich nicht ausbrennen würde? Es geht aber nicht, weil du eben nicht alleine weg kannst. Und ehrlich gesagt, wird dich genau diese Einstellung fertigmachen: dazusitzen und davon zu träumen, was du alles tun könntest, wenn du keine Kinder hättest. Denn natürlich hatten wir damals vielleicht ein ganz hübsches Leben, ohne Kinder, aber irgendwas hat uns doch dazu getrieben, diesen Zustand zu ändern, oder?

Das ist also meine Aufgabe für dich: Finde Dinge, die du gerne tust *mit* den Kindern! Das ist der Trick! Und dann schreibst du diese Dinge ganz oben auf die Prioritätenliste: »Freunde treffen« zum Beispiel. Dem wird dann alles andere untergeordnet. Und wenn die Wäsche noch nicht gemacht ist und die Küche mal wieder gewischt gehört: Scheiß drauf! Freunde treffen steht jetzt über Wäsche und Küchenboden, denn das ist etwas, das du *mit* deinen Kindern genießen kannst.

Was Prioritäten setzen für deinen Alltag bringt

Prioritäten setzen – das klingt nun wirklich ganz selbstverständlich, oder? Oder doch nicht? Prioritäten setzen ist im Alltag mit Kindern eine ganz wichtige Fähigkeit. In all dem Gerenne verlieren wir das Wesentliche, das, was uns und unserer Familie etwas bedeutet, ganz schnell aus dem Blick. Wir rennen der Anerkennung für das organisierte Klassenfest hinterher, kochen am Abend fünf verschiedene Essen, damit jeder was findet, was ihn satt macht, und fahren übers ganze Wochenende zu Oma Hilde, nur, damit die sich freut. Dabei soll es ja in einer Familie um Gesundheit, gute Entwicklung und Glück gehen, oder? Erfolg wäre ja auch nicht schlecht und ein bisschen Reichtum würden wir auch nicht ablehnen.

Dabei ist es mit der Gesundheit, der Entwicklung und dem Glück wie mit einem guten Essen: zu viel und zu durcheinander schmeckt nicht. Melissas Familienleben gleicht inzwischen einer Pizza, belegt mit Pudding, Ananas, Zwiebeln, Schinken, vier Sorten Käse, Pilzen, Salami, Erdbeeren, Bananen und Rosinen sowie Sushi und Panade. Das ist echt, echt, echt eklig! Und zwar für alle aus ihrer Familie.

Prioritäten zu setzen ist also viel wichtiger und leider viel weniger selbstverständlich, als du vielleicht dachtest.

Melissa versucht das also mal mit den Prioritäten. Zuerst denkt sie noch, das bedeute, dass Finn eben nur zwei Unternehmungen am Nachmittag haben soll, dass sie selbst sich mit den Mamas treffen darf und für Nele das Babyschwimmen sein gelassen wird. Aber dann merkt sie, dass sie noch immer »rennt«. Sie überlegt nochmal und bespricht sich mit Sven. Sven hat eine gute Idee, denn zwar kann er kein Baby herumtragen und scheinbar verlernt er auch manchmal plötzlich, wie man Windeln wechselt, aber er denkt gut mit. Also sagt er: »Die Prioritäten sollten nicht auf einer Aktivität liegen, sondern viel mehr darauf, dass alle in der Familie gesund sind. Denn das ist uns wichtig, o. k.?«

Melissa nickt. »Stimmt«, sagt sie. Guter Einwand. Babyschwimmen macht Nele zwar Spaß, ist aber für sie selbst äußerst stressig. Bis sie alle beiden Kleinkinder umgezogen hat (zweimal) und sie dann im Wasser bespaßt, bricht beinahe ihr Rücken durch. Also ist diese Aktivität zwar schön für Nele, aber für Melissa nicht. Gibt es noch etwas, das beide schön finden? Spazieren am See. Das gefällt allen und Melissa trifft dabei sogar noch ab und zu andere Mamas. Also macht es Spaß und ist gut für aller Gesundheit: die psychische, aber auch die körperliche. Schwimmen kann Nele immer noch, wenn sie mal größer ist, oder ab und zu am Wochenende, allein mit Sven. Das gefällt Sven: Er und Nele allein, das stellt er sich lustig vor.

Warum du als Mama Selbstfürsorge erlernen solltest

Auch beim Prioritäten-Setzen und beim »Einfach mal weniger« haben wir es schon gemerkt: Ab jetzt geht es in unserer Familie auch um uns selbst. Und weil du jetzt »die Mama« bist, ist es dein Job, dich selbst um dich zu kümmern. Es gibt keinen mehr »über« dir, der das für dich tut. Du bist selbst dafür zuständig. Und das ist auch gut so, denn wer außer dir auf diesem schönen Planeten könnte besser wissen, was dir gut tut, was du schaffst, was du nicht mehr packst und wo du eine Grenze setzen solltest? Niemand außer dir selbst!!

Selbstfürsorge fällt für Mamas so oft unter den Tisch, dass es für mich Pflicht war, ein Kapitel darüber zu schreiben. Selbstfürsorge ist etwas Wunderbares, denn sie dient nicht nur dir selbst, sondern auch deiner Familie. Das Problem bei Müttern: Sie meinen oft, sie wären nicht so wichtig und könnten schon mal zurückstehen. Deshalb ist dieses Kapitel zur reinen Werbung für Selbstfürsorge. Kauft Selbstfürsorge! Selbstfürsorge macht schön, schlank, sexy und glücklich!

Selbstfürsorge ist das Beste, was du für dich und deine Familie tun kannst, denn:

1. Du bekommst durch die Selbstfürsorge keinen Burnout, bist also auch in ein paar Jahren noch »zu gebrauchen« und insgesamt glücklicher, zufriedener und weniger genervt.
2. Du lebst deinen Kindern vor, dass Frauen auch wichtig sind.
3. Du lebst deinen Kindern vor, dass Frauen Menschen sind, verletzlich sind und dass sie Grenzen haben und diese äußern dürfen.
4. Kinder lernen überwiegend durch Nachahmung. Wie kann ein Kind also besser lernen, für sich selbst zu sorgen und Verantwortung für sich zu übernehmen? Indem du es vorlebst! Indem du vorlebst, wie man sein eigenes Wohlbefinden im Blick behält!

Aber wie soll man das denn jetzt umsetzen? Ich kann doch nicht das Baby in die Ecke legen und einfach brüllen lassen?

Nein, denn das wäre auch keine echte Selbstfürsorge. Du würdest dermaßen unter dem Gebrüll leiden, dass du keine Sekunde entspannen könntest. Wie kannst du also in den Zeiten, in denen du ein Baby hast, für dich sorgen? Schauen wir dazu wieder zu Melissa.

Melissa hat gelernt, Prioritäten zu setzen für sich und ihre Familie. Es ist so schön, endlich nicht mehr gar so viel Programm am Nachmittag zu haben. Sven geht tatsächlich ab und zu mit Nele zum Schwimmen. Sie kommen glücklich und entspannt zurück und Melissa hat Zeit für Finn oder manchmal sogar für sich, denn wenn Finn spielt, kann Melissa in Ruhe eine Zeitschrift lesen. Das ist ganz wunderbar!

»Mehr davon«, überlegt sich Melissa und überprüft ihren Alltag. Gerade denkt sie an die Situation am Mittag, wenn Nele eingeschlafen ist, Finn sie aber direkt wieder aufweckt. Für Nele wäre es gut zu schlafen, für Melissa selbst wäre es gut ein ausgeschlafenes Baby zu haben und außerdem eine kleine Pause zu bekommen. Sogar für Finn wäre es prima, wenn er eine kleine Auszeit vom Großer-Bruder-Sein bekäme und nicht ständig fürchten müsste, dass Nele in seine Legobauten hinein rollt oder seine Holzautos ansabbert. Die Priorität liegt also ganz klar darauf, dass Nele schlafen kann. Das dient der Gesundheit und Fröhlichkeit aller!

Das Problem ist nämlich: Finn hält es nicht aus, still zu sein, damit Nele ins Bett gelegt werden kann. Er rennt ihr hinterher und zupft an ihr, schreit laut oder springt auf dem Bett herum.

Gut, denkt Melissa, ich sollte mich trauen, mal etwas strenger zu sein. Sie sieht Finn ernst an und sagt: »Ich möchte, dass Nele schlafen kann. Du wirst hier ruhig spielen, bis ich komme.« Finn sieht seine Mama überrascht an. Aber dann wirbelt er doch so laut durch den Raum, dass es Melissa nicht gelingt, Nele hinzulegen. Doch Melissa ist jetzt innerlich so klar und überzeugt, dass sie es noch einmal probiert. Sie lässt sich einfach nicht entmutigen, weil sie so sicher ist.

»Finn, ich habe eine Idee. Du spielst jetzt mit der neuen Knete. Du spielst und ich lege Nele hin. Sobald sie schläft, komme ich und wir lesen Feuerwehrbuch. Verstanden?« Sie fleht nicht, sie bettelt nicht, sie weist klar an. Finn nickt. Melissa richtet die Knete her, damit Finn spielen kann. Melissa legt Nele hin und gerade als Finn ungeduldig wird, ist Melissa wieder da. Sie hat es geschafft. Ihre Mittagspause ist so schön – und ruhig, so dass Melissa und Finn viel entspannter in den zweiten Teil des Tages starten.

Im Übrigen hat Melissa noch etwas Wichtiges gelernt. Sie hat es sich als Gesetz an die Wand gehängt, damit sie jeden Tag darauf schauen kann: »Wenn das Baby schläft, mache ich Pause!« Das hat ihre Hebamme ihr gesagt, als Finn noch ganz klein war. Zuerst hat sie es nicht eingehalten, aber jetzt, da sie sich mit ihrer eigenen Selbstfürsorge beschäftigt, ist es ihr wieder eingefallen.

Wenn das Baby schläft, mache ich Pause.

Und diese Pause kann sie mit Finn verbringen, oder jeder für sich. Und nein: ob Melissa mit Finn spielt oder jeder für sich beschäftigt ist, bestimmt nicht Finn. Melissa ist die Mutter. Sie ist die Erwachsene. Sie kann überblicken, was beiden guttun würde. Sie kann überblicken, was Finn braucht und was sie selbst braucht. Und nach ihrem Ermessen entscheidet sie, wie die Mittagspause gestaltet wird.

Das Missverständnis von bedürfnisorientiert und wunschgesteuert

Bedürfnisorientierte Erziehung ist in aller Munde. Um mal mit einem großen Irrtum aufzuräumen: Bedürfnisorientiert heißt nicht wunschgesteuert. Das ist genau das Missverständnis, mit dem man ein scheinbar bedürfnisorientiertes Familienleben an die Wand fahren kann. Bedürfnisse sind nicht Wünsche und Wünsche nicht Bedürfnisse. Wenn dein Kind nach Schokolade schreit oder unbedingt »Feuerwehrmann Sam« gucken will, dann heißt das vielleicht, dass dein Kind ein unbefriedigtes Bedürfnis hat, aber es ist nicht »Schokolade und Fernsehen«. Es bedeutet im Übrigen auch nicht, dass du versagt hast und dein Kind sich zu wenig beachtet fühlt (wie es in manchen Internetforen steif und fest behauptet wird) – es kann sein, dass da eine gewisse

Müdigkeit vorliegt, eigentlich Hunger oder einfach gerade Planlosigkeit, was dein Kind als nächstes tun soll. Vielleicht ist die Langeweile einfach noch nicht groß genug, um Platz für Kreativität zu schaffen?

Was ist denn der Unterschied zwischen Bedürfnis und Wunsch?

Ein Bedürfnis ist etwas, was jeder Mensch hat und jeder Mensch hat die gleichen Bedürfnisse. Ohne ihre Erfüllung kann er nicht leben. Und ihre Erfüllung führt bei jedem Menschen zu mehr Glück und Zufriedenheit im Leben, bzw. erstmal dazu, überhaupt leben zu können. Jeder Mensch braucht Essen und Trinken. Anregung, Entwicklung und Herausforderung. Wärme, Nähe und Anerkennung, innere Struktur und mehr.

Ein Wunsch ist individuell (wobei man sich darüber bei manchen Themen streiten kann, zum Beispiel bei Schokolade – wer will das nicht?), hat oft mit einem dahinter liegenden Bedürfnis zu tun. Wenn dein Kind sich die Hosen einer bestimmten taschenlastigen Modemarke mit einem lustigen, rennenden Vogel wünscht, dann ist das erstmal ein Wunsch. Dahinter liegt vielleicht das Bedürfnis nach Anerkennung, das Bedürfnis, so cool zu sein wie die anderen – das aber auch auf andere Weise erfüllt werden könnte.

Um also wirklich bedürfnisorientiert zu handeln, ist es geradezu kontraproduktiv, immer wunschgesteuert zu handeln. Denn durch die Erfüllung aller Wünsche sind noch längst nicht alle Bedürfnisse erfüllt, oft sogar im Gegenteil! Wer kennt nicht das materiell überschwemmte Kinderzimmer, mit dem ferngesteuerten Fuhrpark, der sprechenden Puppe und dem eigenen Computer – und dem kleinen, unglücklichen, verlassenen Kind, das krampfhaft versucht, sein Bedürfnis nach Nähe zu befriedigen. Hier wurden Wünsche mit Bedürfnissen verwechselt und das Schlimme ist: Das Bedürfnis bleibt unerfüllt.

Wegnehmen oder abnehmen?

Ganz eng verwandt mit dem Thema „Wunsch oder Bedürfnis“ ist das Thema „Wegnehmen oder abnehmen?“ Oft befürchten wir unserem Kind etwas wegnehmen, wenn wir ihm nicht die Entscheidung für etwas überlassen.

Kennst du das Problem? Du sitzt in einem schönen Restaurant (und es ist so verdammt lange her, dass du das letzte Mal etwas ohne Kinder gemacht hast) und die Speisekarte ist voll von wirklich leckeren Gerichten nach deinem Geschmack. Zuerst freust du dich noch. Dann sollst du dich aber entscheiden. Deine Laune sinkt und du kannst dich einfach nicht entscheiden. Es ist zu viel! Irgendwann steht die Bedienung wartend neben dir und du würdest am liebsten jemanden haben, der dir sagt, was du bestellen sollst.

Das ist ein einfaches Beispiel für das Gefühl der Überforderung, wenn wir uns entscheiden sollen. Wenn du aber dein Kind anschaust, dann sind die Entscheidungen, die es treffen soll, oft viel zu groß. Es geht nicht um Gerichte auf einer Karte, auch nicht um rote oder gelbe Socken. Es geht darum, wie es sich jetzt beschäftigen soll. Die Entscheidung darüber, was es gegen die eigene Unzufrieden tun kann. Oder ob es müde ist. Ob das Hunger ist, was es da spürt, oder eher Langeweile? Ist es vielleicht Lust auf Süßigkeiten?

Du hast vielleicht gelesen oder gehört, dass Kinder selbst ihre Bedürfnisse spüren und danach handeln sollen. Du möchtest deinem Kind ja nichts wegnehmen!

Der Punkt ist: natürlich „sollen" Kinder das selbst lernen. Sie sollen später auch selbst Auto fahren, ein Essay schreiben und Socken stopfen. Aber sie können es noch nicht. Sie müssen es noch lernen.

Wenn also die kleine Nele ständig quengelt und schreit, dann ist es für sie viel zu schwer zu entscheiden, was gerade gut für sie ist. Dann ist es an ihrer Mama Melissa, zu erspüren, was sie braucht. Und das kann Melissa auch! Selbst wenn es mal etwas trial and error ist, das macht gar nichts. Komischerweise wehrt sich ihr Baby oft im ersten Augenblick dagegen, dass die Mama sie z. B. in die Trage nimmt. Aber Melissa ist sich ganz sicher, dass es gerade das Beste für die Kleine wäre, und nimmt sie mit sicheren Bewegungen nah zu sich, obwohl sie dagegen anschreit. Sie singt ihr ein Lied und wippt ein wenig und das Kind beruhigt sich, nicht sofort, aber sehr schnell.

Natürlich hat Melissa ihrer Kleinen jetzt etwas „weggenommen“. Nämlich das furchtbar unwohle Gefühl, nicht zu wissen, was sie eigentlich gerade nötig braucht! Sie hat ihr etwas abgenommen: eine Last. Und sie hat ihr gezeigt, wie wunderbar es sich anfühlt, wenn ein Bedürfnis befriedigt ist und diese Last verschwindet. Wünschen wir uns nicht alle ab und zu jemanden, der das für uns tut?

Eine Entscheidung abzunehmen ist also manchmal ein wahrer Segen und kann euren Hausfrieden wiederherstellen! Du kannst das natürlich auch in anderen Situationen tun. Wenn dein Kind also durch die Wohnung wirbelt und Dinge aus Regalen reißt, dann kannst du es an der Hand nehmen und ruhig (aber nicht böse) sagen: „Damit hörst du jetzt auf. Du kannst jetzt einen Turm mit Lego bauen. Oder du darfst mir beim Haushaltmachen helfen. An der Hand.“

Klar. Ich habe dir „freie Hände“ versprochen und die hast du damit nicht. Das nervt. Aber wenn du sehr, sehr überzeugt davon bist, dass dein Kind jetzt nicht mehr durch die Wohnung wirbeln, sondern etwas zu spielen finden soll, dann kannst du dein Kind mit dieser Überzeugung auch erreichen. Dieses An-die-Hand-Nehmen wird also nicht ewig dauern! Versprochen.

Vielleicht wirst du jetzt kritisch einwenden, dass es ja mit Zwang zu tun hat, was ich da vorschlage. Aber wie ich am Beispiel von Nele beschrieben habe, ist es für ein Kind sehr angenehm, wenn es ab und zu eine Entscheidung abgenommen bekommt. Es führt dein Kind selbst zu seinem

Bedürfnis, das es ohne deine Hilfe nicht erkannt hätte. Es ist nämlich nicht das Bedürfnis deines Kindes, deine Wohnung zu verwüsten. Es ist vielleicht eher seine Art, darauf aufmerksam zu machen, dass es gerade ein unbefriedigtes Bedürfnis hat und nicht weiß, wie es damit umgehen soll. Also hast du bedürfnisorientiert gehandelt und dabei deinem Kind die Sicherheit gegeben, dass du für es da bist und ihm hilfst, seine Bedürfnisse wirklich zu befriedigen.

Das kindliche Spiel

Kommen wir nun zum Kernstück des Buches, das mir besonders am Herzen liegt: dem kindlichen Spiel.

Melissas Sohn Finn spielt zu Hause so: Er rennt von einem Raum in den nächsten und stiftet Unheil, in dem er Schubladen herauszieht, Wasser auf den Boden kippt und über Tische und Bänke geht. Melissa hat das Gefühl, sie ist zur heimischen Feuerwehr mutiert, die immer nur hinterherrennt, um das Schlimmste zu verhindern oder die Schäden zu beseitigen. Ihr Sohn ist kaum zu bremsen, er strotzt vor Energie. Melissa scheint immer mehr Energie herzugeben, sie kann nicht mehr. Sie wünscht sich eine Pause, sie wünscht sich, jemand könnte Finn stoppen. Aber das Einzige, was wirklich hilft, ist rausgehen. Doch jetzt, wo es Schneeregen hat und es von morgens bis abends grau ist, mag Melissa

nicht mehr als zwei Stunden am Tag rausgehen. Sie friert und fühlt sich unwohl. Sie merkt, dass sich sogar eine Erkältung anbahnt.
Wir haben gelernt, dass Kinder laut und wild sein müssen. Dass es ganz normal ist, wenn sie beim Essen nicht sitzen und auch, wenn sie deine Wohnung verwüsten. Wir nennen das dann »Phasen« und beruhigen uns damit, dass es ja bald vorbei geht.

Das ist durchaus eine gute Entwicklung, wenn man bedenkt, dass vor einigen Jahren noch der Grundsatz galt: »Kinder soll man sehen, aber nicht hören« – was soviel hieß wie: Als brave, adrette Schaufensterpuppen sind Kinder zu dulden.

Es scheint sogar gegen unser Gefühl zu sein, dass Kinder so still spielen. So, als wäre nur ein lautes Kind ein glückliches Kind. Wir leben also in der Umkehrung von früher, und das ist ja auch kein Wunder, da gesellschaftliche Entwicklungen oft von einem Gegensatz zum nächsten verlaufen.

1. Es ist auch für Kinder eine Anstrengung, den ganzen Vormittag in einem lärmenden Raum zu verbringen. Es könnte sogar sein, dass unsere heutigen, sehr sensiblen und sinnesoffenen Kinder besonders stark unter diesem Lärm leiden.
2. Kinder, die sich wirklich in ihr Spiel vertiefen, sind von sich aus nicht laut, nicht zerstörerisch, nicht

überdreht oder wild. (Es sei denn, sie spielen gerade den wilden Troll oder den wütenden Tiger.)

Es ist also dieser Gegenreaktion auf die frühere »Unterdrückung« der Kinder zuzuschreiben, dass wir glauben, Kinder müssten laut, wild und überschießend sein, damit sie glücklich sind. In Wirklichkeit braucht ein Kind ebenso Ruhe wie du selbst und ebenso wenig mag es ein Kind, wenn ständiger Lärm herrscht. Wie du selbst und ist ein Kind ebenso geschafft davon, wenn es immer turbulent zugeht.

Das kindliche Spiel kann viel mehr, als wir ihm zutrauen. Ich behaupte sogar, es ist wie ein sehr mächtiges Zaubermittel: Im Spiel kann dein Kind unglaublich schnell lernen und begreifen. Es verarbeitet im Spiel seine Welt und alles, was um es herum geschieht.

Dabei geht es nicht um Brettspiele oder Tablet-Spiele. Es geht um freies, fantasievolles Spiel. Meistens erkennt man es an einer Formulierung, die du bestimmt schon gehört hast: „Wir tun so, als wären wir ...“ oder „Wir wären jetzt ...“ – das heißt, das Kind schlüpft in eine andere Rolle. Oder es erbaut mit Sand, Lego, Playmo, Holzklötzen, Kastanien und anderen Materialien eigene Welten. Es gibt sogar Kinder, die spielen beim Malen, beim Essen, beim Zähneputzen. Sie spielen einfach ständig. In das Spiel kann das Kind geradezu versinken, wachsende Welten erschaffen, in denen es alles sein und alles tun kann.

In diesem versunkenen Spiel hat das Kind die Möglichkeit, sich zu regenerieren, gesund zu werden, zu verarbeiten, was es erlebt hat. Auch belastende Situationen, Angstmachendes oder sogar traumatisches Erleben.

»Wir wären Hundebabys, noch ganz schwach«, sagt die Sechsjährige, die gerade eingeschult wurde und am Mittag in den Hort kommt. Sie ist blass und wirkt angestrengt. Bei den Hausaufgaben schläft sie fast ein.

»Du müsstest mich immer streicheln, damit ich stärker werde.« Sie legt sich auf eine Decke in der Kuschelecke, ganz zusammengekuschelt und macht die Augen zu. Die etwas ältere und weitaus stabiler wirkende Freundin streichelt sie, deckt sie zu und holt ihr »Hundefutter«. »Du wärst die Mama«, sagt die Kleine. Jeden Tag spielen die beiden das Spiel. Bis das Hundebaby endlich stärker wird, den Tag leichter schafft. Dann kommt ein neues Spiel.

Das versunkene Spiel ist selten geworden. Vielleicht hast du es trotzdem schon einmal gesehen? Du siehst es deinem Kind im Gesicht an: Es ist ein so friedlicher Moment. Du willst ungern stören. Nicht mal ein Foto machen. Es ist in seiner eigenen Welt: versunken. Wenn man ganz kleinen Kindern einen Eimer Wasser in den sonnengewärmten Sandkasten stellt, kann man es sehen. Kennst du diesen Ausdruck? Spiel ist die beste Therapie. Das Kind kann sich seine Bedürfnisse im Spiel erfüllen.

Im kindlichen Spiel passiert Folgendes:

- Das Kind schafft sich seine eigene Realität, in der es all das verarbeiten kann, was es in der Wirklichkeit erlebt. Und zwar in genau der Zeit und Ruhe und mit genau den Fähigkeiten, die es zur Verarbeitung braucht.
- Es schafft sich selbst im kindlichen Spiel alle Voraussetzungen, um zu lernen, was es gerade braucht und was es gerade spannend findet.
- Spielen ist ein menschliches Grundbedürfnis: Menschen in aller Welt spielen.
- Im vertieften Spiel wissen Kinder ganz genau, was sie gerade brauchen. Rückzug, Schutz, Anregung, Lernerfahrung. Und all das ist im Spiel auch für sie da.
- Vertieftes, kindliches Spiel findet ohne Erwachsene statt. Der Erwachsene hat auf keinen Fall die Rolle des Bespaßers! Allenfalls schiebt der Erwachsene das Spiel an oder schafft einen Raum dafür.
- Wenn dein Kind spielt, wirklich in seiner Welt ist, dann provoziert es nicht und zerstört auch nichts. Es muss weder laut noch überschießend sein.

Warum es Sinn macht, sein eigenes Menschenbild zu überprüfen

Leider haben vergangene Erziehungskonzepte sehr defizitäre Menschenbilder vertreten: Wir hatten vor einigen Generationen noch das vorherrschende Bild, der Mensch käme als leeres Blatt auf die Welt und müsse erst noch beschrieben werden. Erziehungsratgeber unserer Vergangenheit gingen so weit zu behaupten, dass der Wille von Kindern zuerst gebrochen werden müsse, sonst würde das Kind von Grund auf böse bleiben.

Heute sind wir zum Glück weiter und wissen etwas mehr! Wir wissen, dass wir es mit kleinen, ganz eigenen Persönlichkeiten zu tun haben, die da in unserer Welt heranwachsen, dass jedes Kind eine unverwechselbare Individualität hat und doch sind wir oft noch immer nicht im Vertrauen darüber, dass diese eigenen Persönchen einen inneren Plan darüber besitzen, wie sie heranreifen können und zu sozialen, kompetenten und selbstsicheren Personen heranwachsen können. Wir versuchen sie zu erziehen, zu beeinflussen, zu verbiegen. Wir arbeiten mit harten Bandagen: In der Schule wird bewertet, belohnt und bestraft. Ohne das, so fürchten wir, hätten wir es mit egoistischen, faulen und unwilligen Menschen zu tun, die andere tyrannisieren. Klingt das nicht ein wenig nach dem Bild von früher?

Auch laufen lernen Kinder, ohne dass wir sie belohnen oder bestrafen. Auch sprechen lernen Kinder ganz von allein. Denn der Überlebensinstinkt, zu einer Gesellschaft dazuzugehören ist bei jedem Menschen angelegt. Ohne andere Menschen sind wir Menschen nämlich nur sehr schwer überlebensfähig und deshalb besteht bei jedem Menschen der Wille, sich in die Gemeinschaft einzufügen. Auch wenn dein Kind im Moment nicht teilen will und es ganz schrecklich findet, sein Spielzeug abzugeben, bedeutet das nicht, dass möglichst viel Erziehung, also »ziehen« nötig ist, um einen sozialen Bürger aus ihm zu machen. Es bedeutet lediglich, dass es sich in seiner Welt, in seinem Lerntempo gerade mit dem Thema Teilen befasst. Dein Kind lernt zu teilen, indem es sich damit beschäftigt. Auch wenn es gerade nicht teilt.

Um also das tiefe Spiel wirklich zu verstehen und zuzulassen, ist es wichtig, die eigenen Glaubenssätze, die eigene Einstellung und das eigene Menschenbild zu überprüfen: *Vertraue ich darauf, dass mein Kind in seiner Entwicklung zu einem sozialen und starken und glücklichen Menschen heranwächst?* Denn genau die Fähigkeit zu diesem sozialen, starken und glücklichen Menschen heran zu wachsen, wird durch das kindliche Spiel gefördert und je mehr wir dieses zulassen und ermöglichen, desto besser kann dein Kind sich selbst entwickeln.

Wenn dein Kind selbst noch nicht spielt, sondern nur wie ein Sturm über dein Zuhause braust, erinnerst du dich vielleicht noch an die Zeiten, in denen du selbst gespielt hast. Im Spiel gab es für jedes Problem eine Lösung. Du hast dir vielleicht Fantasiekameraden erschaffen, die dich vor allem beschützen können und du bist ausgezogen, um echte Abenteuer zu erleben: Du hast dir all die Orte erschaffen, die du in genau dem Moment gebraucht hast. Nicht umsonst spielen Kinder oft Ritter, Könige und Superman. Denn das kindliche Leben ist von »Zu klein sein« geprägt, von Hilflosigkeit und Abhängigkeit. Aber auch das Spiel »Babyhund, Babykatze oder Babymaus« erfüllt ein Bedürfnis: das Bedürfnis, noch einmal klein zu sein und umsorgt zu werden, nichts leisten zu müssen und unter keiner Bewertung stehen zu müssen.

Du siehst also, es ist kein Pillepalle und Zeittotschlagen, wenn Kinder spielen. Es ist beinahe das Wichtigste, was ein Kind erleben kann, gleich nach deiner Nähe, Wärme und Nahrung.

Wie lernt dein Kind Empathie?

Die Fähigkeit, eine andere Perspektive einzunehmen als die eigene, ist erst ab dem 6. Lebensjahr wirklich vorhanden. Die vorhergehende Unfähigkeit, den Blickwinkel eines anderen zu erkennen, hat also nichts mit unsozialem oder tyrannischem Verhalten zu tun.

Um aber tatsächlich spielerisch zu üben, sich in andere hineinzuversetzen, brauchen wir kein von erwachsenen konstruiertes Lernspiel, keine Gefühlskärtchen und keinen strengen Hinweis darauf, dass auch andere Menschen Gefühle haben. Denn was könnte sich wohl besser dafür eignen, eine andere Perspektive zu erforschen als das kindliche Spiel? Kinder erleben im Spiel, wie sich Spiderman fühlen könnte, wie ein Forscher am Polarkreis lebt und wie sich das Schulkind fühlt, wenn es endlich in die Schule gehen darf. Wie ist es, Mama oder Papa zu sein? Wie fühlt sich ein Chef und ein König? Wie sind ihre Perspektive und ihr Blickwinkel und was kann ich darüber lernen? Mag ich es? Brauche ich dafür noch mehr Fähigkeiten? Wäre es nicht cool, eine Mama mit magischen Kräften zu sein? Dann wäre alles ganz einfach!

Wofür ist das kindliche Spiel also gut?

Um zu lernen, zu verarbeiten, sich zu schützen, Abenteuer zu erleben, sich zu entwickeln und auch nochmal zurückzugehen zu vorigen Entwicklungsstufen, um sich zu erholen, zu entspannen, Soziales zu verstehen und verschiedene Blickwinkel zu erfahren. Im kindlichen Spiel lernt dein Kind, wie es seine Bedürfnisse befriedigt, wie es zur Ruhe findet, wie es genau die richtigen Anforderungen an sich stellt und seine Umgebung erforscht, in dem Maße, wie es sich dafür gerade interessiert. Auch die Fantasie und die Denkfähigkeit wird im kindlichen Spiel immer weiter ausgebaut. Das kindliche Spiel ist ein unheimlich bedeutender Teil der Kindheit, der kindlichen Entwicklung.

Doch noch jemand braucht das kindliche Spiel ganz dringend: nämlich du selbst!

Sobald dein Kind also tatsächlich im versunkenen Spiel ist, hast du selbst eine Pause. Denn selbst wenn es dann am Waschbecken mit Wasser spielt (Tipp dazu im nächsten Kapitel), wird die Sauerei nie so groß sein, dass du sie nicht mehr in den Griff bekommen kannst. Wenn du deine Priorität also darauf setzt, dass deine Kinder ins Spiel finden können, dann habt ihr gemeinsam den besten Alltag, den es gibt, und du musst nicht mal mehr darauf hoffen, dass Oma endlich kommt, dass die Kinder endlich schlafen gehen oder dass endlich ein Komet auf euer Haus fällt. Versprochen! Denn ich liefere dir auf den nächsten Seiten ein paar handfeste Tipps und Beweise dafür.

Doch wie kommt mein Kind denn nun zum kindlichen Spiel?

Nach dem Buch »Spiel aus der Tiefe« von Marie Luise Nüesch braucht es genau drei Dinge für das kindliche Spiel.

1. Zeit
2. Raum
3. Beziehung

Für das bessere Verständnis und eine gute Umsetzung der Tipps habe ich noch zwei weitere Punkte hinzugefügt:

4. Geduld
5. Anregung

Meine Eltern erzählen noch, wie viel sie in ihrer Kindheit ganz frei gespielt haben. Allein schon der Nachhauseweg von der Schule, der locker mal eine Stunde dauern konnte, wurde in die Länge gedehnt und im Spiel bewältigt, wenn es irgendwie möglich war. Obwohl die Erwachsenen sich damals nicht so übermäßig viel mit ihren Kindern beschäftigt haben, spielten die Kinder, trafen sich in großen Gruppen und verbrachten sehr viel Zeit damit, in genau diesem kindlichen Spiel zu versinken.

Traurig ist es, dass das kindliche Spiel in der heutigen Welt leidet, obwohl so viele Eltern sich so stark um ihre Kinder bemühen! Und nicht nur das Spiel und mit ihnen die Kinder leiden darunter, sondern auch wir Mamas. Deshalb gehe ich jetzt genauer darauf ein, wie wir aufhören können, das kindliche Spiel zu vereiteln und es endlich wieder zuzulassen:

1. Zeit

Der Faktor Zeit passt ja wunderbar zu unserem Thema hier im Buch: Ein voller Terminkalender, aufeinanderfolgende Programme, Fördermaßnahmen und Arzttermine, eine komplett durchgetaktete Freizeit sind Spielverhinderer. Für das freie Spiel braucht ein Kind Zeit. Und ich setze noch eins drauf: Es braucht Langweile.

Vor allem heute, wenn unser Kind viel Aufmerksamkeit bekommt, viel Input von Außen – Wissenssendungen, Bücher, Tablet-Spiele und mehr in Kindergarten, Kita, Hort und Schule –, ist es besonders nötig, dass dein Kind regelmäßig in dieses Gefühl der Langeweile kommt. Glaub mir, genau an dem Punkt der totalen Langeweile kann Kreatives entstehen.

Aus der Leere kommt die Idee.

Kinder, die sich langweilen, sind extrem schwer auszuhalten, da wir sofort ein schlechtes Gewissen bekommen, wenn das Kind sich langweilt. Wir meinen, ein Programm, eine Beschäftigung, einen Ausflug liefern zu müssen, damit unser armes Kind sich nicht langweilt. Wir fühlen uns vom Gejammer aufgefordert, etwas gegen die Langeweile zu tun. Wir suchen krampfhaft nach einem Ausweg für unsere Kinder. Langweile – da steckt doch ein unerfülltes Bedürfnis dahinter, oder? Ja! Nämlich das nach Selbstbestimmung, Wirksamkeit, Kreativität, Spielen, Entwicklung, Kooperation, Kontakt, Verbindung – und dein Kind kann (ja wirklich, glaub mir, es kann!) sich dieses Bedürfnis selbst erfüllen! Und schon sind wir wieder bei der Selbstfürsorge, die so wichtig für unser Leben ist! Wenn ein Kind genügend Zeit bekommt und du ihm zutraust, durch die Langeweile hindurch zu gehen, lernt es Folgendes, das sehr wichtig ist für sein Leben: »Nicht Mama erfüllt mir alle meine Bedürfnisse, weil ich alleine so hilflos bin. Nein, ich bin selbst in der Lage, kreative Ideen zu entwickeln. Und mich selbst zu spüren, mein tiefstes, innerstes Wollen zu ertasten und mir genau das zu geben, was ich brauche.«

Toll, nicht?

Und ist das nicht auch etwas, was wir selbst erst wieder lernen müssen? Was tust du in der Stille, in der Langeweile? Womit füllst du deinen Tag aus? Ach, du hast schon längst keine Langeweile mehr, weil du ständig im Stress steckst? Na, dann könnt ihr diesen Schritt ja gemeinsam gehen! Lasst einander doch einfach mal zu Atem kommen, in die Stille hineingehen, die Langeweile willkommen heißen – und die kreative Idee entwickeln. Es wird euch begeistern.

2. Raum

Kommen wir zum Spielraum. Die wenigsten von uns haben eine Wohnung, die absolut nicht auf Kinder eingerichtet ist. Sollten bei Oma zu Hause an jeder Ecke gläserne Statuen stehen und Setzkästchen mit wahnsinnig wertvollen Winzigkeiten, dann kann dein Kind dort nicht ins Spiel kommen, weil alles »Nein, lass das« ist. In einem Raum, der »Nein« zu einem Kind sagt, kann kein Kind spielen. Aber ich glaube, in den meisten Wohnungen ist das gar nicht das Problem.

Eher umgekehrt: Wir haben so wahnsinnig viel Spielzeug angeschafft oder sogar geschenkt bekommen, dass man das

Gefühl hat, zu ersticken darin. Dir selbst geht es vielleicht so, wenn du ins Kinderzimmer gehst. Es scheint eine verlegte Mülldeponie für Plastikschrott zu sein! Du kannst Berge von Teddys und riesigen Autos anhäufen. Und selbst wenn du gar nicht so viel gekauft hast, bekommst du bestimmt, seit dein Kind da ist, ständig irgendeinen Schrott geschenkt. Oder?

So ein Raum ist spielverhindernd. Er ist atem-beraubend. Um in ein Spiel zu kommen, muss, wie bei der Zeit, eine Leere entstehen können, Platz für Kreatives. Natürlich kannst du nicht alles wegschmeißen, das wäre blöd, falls Tante Gretchen zu Besuch kommt und fragt, wie es dem sprechenden Stoffpapagei geht. Aber vielleicht hast du Kisten und einen Keller oder einen Dachboden oder sonst eine Rumpelkammer, wo das ganze Zeug hineinkann.

Du kannst die Berge von Spielzeug also in Kisten sortieren, dann darf sich dein Kind eine Kiste aussuchen oder maximal zwei, und diese bleiben im Zimmer. Die anderen wandern in den Keller und bleiben erstmal dort. Dein Kind wird deswegen protestieren. Halte dir vor Augen, was ich über die Bedürfnisse und über die Wünsche geschrieben habe: Dein Kind hat das absolute Bedürfnis nach einem Raum, in dem es sich kreativ entfalten kann. Es hat den **Wunsch**, alle seine Sachen um sich herum zu bunkern. Entscheide dich, deinem Kind sein **Bedürfnis** zu erfüllen, auch wenn es natürlich im ersten Moment dagegen ist! Bleibe stark und ganz überzeugt. Das braucht Kraft, aber die hast du. Du schaffst das!

3. Beziehung

Darüber weißt du bestimmt schon eine ganze Menge: Bindungen sind lebensnotwendig für dein Baby, für dein Kind, für dich und für jeden Menschen. Darüber muss ich dir nichts erzählen. Eine enge Bezugsperson braucht jedes Kind, um sich gut zu entwickeln.

Es gab wahrscheinlich noch nie eine Zeit in unserer menschlichen Entwicklung, in der wir uns so bewusst darum gekümmert haben, dass jedes Kind enge Bindungen und sehr nahe Bezugspersonen haben darf. Selbst wenn dein Kind in die Kita geht, hast du dich garantiert sehr darum bemüht, dass es dort liebevolle Erzieherinnen bekommt, die es mit viel Zeit kennenlernen durfte und die es gut behüten.

Was verhindert also dann das Spiel in diesem Punkt?

Wir haben in unserem Garten zehn Hühner und zwei Hähne. Der alte Hahn passt auf. Wenn die Hühner picken, schaut er und er futtert erst, wenn ein anderes Huhn aufpasst.

Warum ich dir von Hühnern erzähle? Was haben meine Hühner mit dir zu tun? Das fragst du dich vielleicht gerade. Meine kleine Hühnerschar steht als Bild für das, was kindliches Spiel wirklich verhindern kann: nämlich, wenn du nicht da bist. Wenn du innerlich nicht da bist, dann ist niemand da und dein Kind hat das Gefühl, aufpassen zu müssen: wie die Henne, die dann die »Schicht« übernimmt, wenn der Hahn Hunger hat.

Kinder haben einen fast überirdischen Draht zu unseren Emotionen und unserem Bewusstsein. Und dies ist ein ganz menschliches Phänomen, da ja ihr eigenes Überleben als Säugling von unserer Zuwendung abhängt. Aber auf Grund dessen, sind wir in der Lage, bei allem, was wir »gut« und »richtig« machen wollen, das Spiel dennoch zu verhindern und einen Wirbelwind »zu schaffen«, der unser Zuhause durchwirbelt und nicht spielt.

1. Kinder spüren wie kein Anderer sofort, wenn wir uns in Gedanken auf eine Reise begeben, zu der sie nicht eingeladen sind. Wenn die Reise dann noch hektisch in die Zukunft geht und wir unseren Stress schon gar nicht mehr so richtig kontrollieren können, weil wir noch sonstwas erledigen müssen, dann ist es für unser Kind, als wären wir gar nicht da. Und so ist es ja auch: Die Lichter sind an, aber niemand ist zu Hause. Für dein Kind leider ein schrecklicher Zustand. Und wenn du jetzt ganz ehrlich bist: für dich selbst ebenso!
2. Wenn du außerdem dein Handy, dein iPad oder sonst ein Gerät für deine Kommunikation mit nicht-sichtbaren Personen nutzt (was ich absolut gut verstehen

kann), dann passiert das genau Gleiche: Dein Kind ist einem absolut menschenleeren, gottverlassenen Raum.

3. Wenn du dich selbst nicht wohl in deinem Zuhause fühlst, »jagst« du dich, deine Gedanken und Emotionen fort aus diesem Zuhause, woanders hin, weit weg. Wenn du dich in deinem eigenen Körper nicht wohl fühlst (vielleicht aufgrund der Rückenschmerzen oder der stressigen Gedanken über die Zukunft), dann schafft es auch dein Kind nicht, euer Zuhause zu »beleben«, sich dort wohl und gemütlich zu fühlen und im gleichen Maße »jagst« du damit also dein Kind wie ein Tornado durch euer Heim.

Die meisten Kinder haben gelernt, ihre Mama nicht einfach »im Nirvana« verweilen zu lassen und zu akzeptieren, dass sie eben allein sind. Das wäre ja immerhin auch sehr fatal: Denn Einsamkeit, absolute Einsamkeit ist sehr schädlich und wenig gesund für uns Menschen. Außerdem ist dieser Raum kein Schutzraum, solange kein Erwachsener da ist, um diesen Raum zu beleben. Das heißt, es ist keinerlei Entspannung möglich, und das Kind tut also das einzig Richtige, das Einzige, was es tun kann: Es zerrt solange an dir, bis du gezwungen bist, deine Aufmerksamkeit auf den Raum, auf euer Leben zu wenden! Es zerstört deine Einrichtung, es fegt durch euren Wohnraum, es zerrt sogar bildlich an dir, indem es an dir zieht, schreit, haut, mit Steinen wirft und beißt. Und das tut es so lange, bis du freiwillig »da« bleiben wirst: bis du präsent, bei dir, in dir, in diesem Augenblick ankommst.

Es ist ein Teufelskreis: Gerade dieses Jammern, Zerren, Hauen, Schreien, das Durchwirbeln der Wohnung (das dich zurück in die Gegenwart holen soll), sorgt dafür, dass du dich erst recht nicht wohlfühlst und erneut die Flucht ergreifst. Aus diesem Teufelskreis könnt ihr beide nur aussteigen, indem einer von beiden das Ganze durchschaut und die Reißleinen zieht: Und das musst du sein, denn dein Kind kann es noch nicht.

Es ist also an dir, einen Schritt voraus zu sein und dir deine Wohnung, dein Leben, deinen Alltag, dein Ich wieder »zu eigen« zu machen und dafür Sorge zu tragen, dass du dich selbst wieder wohl dort fühlst. Wenn du das schaffst, dann hört das Zerren auf. Ganz sicher!

Was kannst du tun, um ein präsenter Beziehungspartner für dein Kind zu sein?

1. **Deine Bedürfnisse erspüren und ernst nehmen**. Wenn du dir sehnlichst wünscht, mal wieder einen Wellnesstag zu erleben, das aber partout nicht umsetzbar ist, versuche herauszufinden, was *genau* du brauchst. Ist es die Ruhe? Ist es die Pflege? Wie kannst du dir kleine Nischen in deinen Alltag bauen, um diese Bedürfnisse auch zu Hause zu erfüllen?

Geht es darum, einfach mal einen ganzen Tag nichts zu tun? Du kannst auch entspannte Zeit mit deinen Kindern verbringen. Auch mit den Kindern lässt es sich relaxen, du musst nur etwas mehr planen, wie das für alle möglich wird. Leg die Beine hoch und lies deinen Kindern etwas vor. Koche einen schönen Tee, setz dich hin und trinke ihn in Ruhe. Lass dir ein Bad ein und bestehe darauf, es auch zu nehmen. Handle mit deinen Kindern kleine Deals aus, wie das gehen kann. »Mama liest jetzt ein Kapitel in ihrem eigenen Buch, dann lese ich euch was vor« – oder: »Ihr dürft morgen Abend baden, ich darf heute abend baden« – etwas in dieser Art. Ich wette, wenn du erstmal beschließt, deine Bedürfnisse ernst zu nehmen, fallen dir kreative Lösungen ein, wie du sie auch umsetzen kannst.

2. **Versuche dich real zu verabreden, möglichst mit den Kindern**. Wenn das absolut nicht geht und du Freundinnen hast, mit denen du nur chatten oder telefonieren kannst, dann sprich mit deinen Kindern darüber. »Du siehst deine Freunde jeden Tag in der Schule. Ich nicht. Das finde ich ziemlich schade, deshalb möchte ich manchmal mit meiner Freundin telefonieren. Das dauert jetzt eine halbe Stunde.« Natürlich ist es schwer, einem Baby einen solchen Zusammenhang zu erklären, aber dafür schlafen Ba-

bys ja auch öfter und du kannst in dieser Zeit telefonieren.

3. **Dein Zuhause beleben**: Wenn du in eine Wohnung kommst, spürst du, ob sie belebt, geliebt und umsorgt wird. Das hat nichts mit der Ordnung in dieser Wohnung zu tun. Oft ist es dabei sogar umgekehrt: Eine geschleckte Wohnung sieht gar nicht so einladend aus. Man fühlt sich nicht automatisch wohl, nur weil es ordentlich ist. Das Wohlfühlen hat eher etwas mit Gemütlichkeit zu tun, damit, wie gerne der Besitzer der Wohnung sich dort aufhält. Manchmal hast du vielleicht das Gefühl, deine eigene Wohnung niemals sauber zu kriegen. Du putzt und räumst und dein Kind macht Chaos. Dann ist es mit dem Wohlfühlen nicht so weit her. Auch dabei kannst du einen Schritt vorausgehen: Beginne deine Wohnung eher zu gestalten als sie perfekt zu säubern. Hänge Bilder auf, richte einen Jahreszeitentisch ein, mach dir eine eigene gemütliche Ecke im Haus, schmücke die Fenster oder den Tisch mit Dingen, die dir selbst gefallen. Du musst das nicht von deinem Kind machen lassen. Wer fühlt sich als Erwachsener schon ernsthaft wohl, wenn das Kind alle Fenster mit Fingerfarbe verkritzelt hat? Es darf durchaus stilvoll sein und muss nicht wie in einem Kindergarten aussehen. Dekoriere so, dass es dir selbst gefällt. Vielleicht kannst du auch über Kompromisse nachdenken. Wenn du zum

Beispiel auf Totenköpfe stehst und dein Kind Angst davor hat, kannst du vielleicht mit ein paar Kerzenständern im Grufti-Style vorlieb nehmen. Dir fällt da bestimmt etwas Besseres ein. Vielleicht steht ihr ja beide auf Drachen ...

4. **An die eigene Nase fassen**: Du magst putzen nicht? Du findest kochen blöd? Dann hast du zu Hause vielleicht sehr viel zu tun, was dir überhaupt keinen Spaß macht. Das ist natürlich ein guter Grund, innerlich zu »flüchten« und an anderes zu denken und nur genervt ein wenig am Haus herumzuputzen. Stell dir einmal vor, dein Kind soll an einem Ort spielen, an dem du dich selbst nur in genervtem oder gestresstem Zustand aufhältst: schwierig! Suche dir Beschäftigungen, die du gerne machst und dann – tu sie! Wenn es häkeln ist, dann häkle. Wenn es bügeln ist, dann bügle. Und wenn es malen ist, dann male. Und wenn du lieber raus in den Garten gehst, dann nimm die Kinder mit. Vielleicht hast du gar keine guten Beschäftigungen, die dir jetzt einfallen? Vielleicht bist du früher eher reiten, klettern oder schwimmen gegangen. Aktivitäten, die du nicht zu Hause durchführen kannst. Dann kannst du ja einfach Dinge ausprobieren. Du wolltest schon immer mal ein Regal bauen? Hast du noch die alte Nähmaschine im Keller und würdest sie gerne mal ausprobieren? Dann tu das!

5. **Urtätigkeiten:** Kindliches Spiel wird vor allem angeregt durch leichte, durchschaubare Arbeiten. Nicht durch Bespaßung, nicht durch Mitspielen, sondern dadurch, dass du selbst etwas tust, was sie nachvollziehen können. „Urtätigkeiten" nennt die Autorin des Buches „Spiel aus der Tiefe", Marie Luise Nüesch, das in ihrem Buch. Urtätigkeiten sind Arbeiten, die schon sehr alt sind, die ein Kind verstehen kann und die einen Sinn erfüllen. Da wäre einmal die Hausarbeit, die jeder von uns erledigen muss. Sie ist überschaubar, sie ist einfach und den meisten von uns geht sie einfach so von der Hand. Und wenn du sie also erledigst, während dein Kind spielt, musst du sie nicht erledigen, wenn dein Kind schläft. So haben alle gewonnen!
6. **Tu, was dir Freude macht:** Es ist wichtig, auch während die Kinder da sind, immer wieder etwas zu tun, was dir Freude bereitet. Und zwar nur das: Freude! Und sobald du Freude daran hast, dich zu Hause aufzuhalten, wird dein Kind es auch mit Freude verbinden, zu Hause zu sein. Denn die Nachahmung ist bei Kindern sehr stark, wie du sicher weißt. Und ein Kind ahmt nicht nur nach, was du äußerlich tust, sondern auch das, was du im Inneren tust: Fühlst du dich wohl, hast du Freude an deinem Zuhause, bist du gerne dort, wo du bist, ahmt ein Kind all das ebenso nach, wie das, was du mit deinen Händen tust oder sagst.

4. Geduld

Gib dir und deinem Kind ein wenig Zeit, die neue Qualität zu erlernen. Bisher bist du wahrscheinlich »auf der Flucht« gewesen, ähnlich wie Melissa und viele andere Mamas. Und dein Kind hat versucht, dich in die Realität zu zerren. Und dieses Zerren war so unangenehm, dass du jedes Mal sofort wieder flüchten wolltest. Der Ausstieg aus diesem Kreis ist manchmal gar nicht einfach. Du brauchst das ganz sichere Bild davon, wie ihr beide zusammenleben werdet. Und deinen unerschütterlichen Willen, dies zu schaffen! Denn es geht.

Ich kann dir von mir berichten: Ich kann am Tag nähen, basteln, stricken, häkeln, im Garten arbeiten und sogar Bücher schreiben, und das, während meine Kinder wach sind. Natürlich kann ich diese Dinge nicht am Stück und ungestört tun, denn ich muss immer wieder bereit sein, mich zu unterbrechen, um mich um eine Frage oder einen Streit zu kümmern, um ein Kind zu wickeln oder Spielmaterial bereitzustellen. Aber je mehr ich bereit dazu bin, mich auch kurz aus meiner Arbeit und meiner Begeisterung für mein Tun herauszuholen, um mich zu kümmern, desto sicherer kann ich wenig später wieder weitermachen mit meiner Tätigkeit. Denn dann fühlen sich die Kinder angenommen mit ihren Bedürfnissen, wissen, dass ich da bin und sie mich fragen können, und spüren, dass sie nicht allein sind.

Manchmal dauert die Unterbrechung auch ein wenig länger und ich werde ungeduldig. Aber dann erinnere ich mich daran, dass es viel hilft, sich kurz auf die Kinder einzulassen, sie wirklich wahrzunehmen und ihnen zu helfen, damit sie wieder in ihren Spielfluss gelangen können. Sobald dies geschehen ist, kann ich mich auch wieder meinen Angelegenheiten widmen.

5. Anregung

Manchmal hilft es, Kindern eine Anregung zum Spielen zu geben oder mit ihnen gemeinsam den Spielort zu gestalten. Wenn ich meinen Buben helfe, ihren Spielort so herzurichten, dass sie nur noch loslegen müssen, dann kommen sie viel leichter in ihr Spiel. Wir breiten gemeinsam eine Decke aus, auf der sie die Legokiste ausleeren dürfen. Oder ich helfe ihnen, eine Hütte zu bauen und Stühle dafür herzuholen. Dadurch wird eine gewisse Infrastruktur geschaffen. Die Kinder bekommen sofort Ideen, was sie jetzt in der Hütte spielen werden und ich kenne kein Kind, das vor einer selbstgebauten Hütte steht und nicht wenigstens mal hineinschauen möchte.

Manchmal überlege ich mir eine Beschäftigung für sie oder bespanne einfach einen Schulwebrahmen und webe los, bis alle um mich herumstehen und »auch wollen«. Die Anregung sollte aber zwei wichtige Kriterien erfüllen.

1. Du nimmst dir vor, nicht mehr als zwei oder drei Vorschläge zu machen, was dein gelangweiltes Kind spielen könnte. Nach dem dritten Vorschlag, der mit »Nö« abgeschmettert wird, muss dein Kind selbst weiter überlegen.
2. Wenn du loslegst, solltest du das so tun, dass dein Kind die Idee selbst weiterentwickeln kann und du dich aus dem Geschehen wieder zurückziehen kannst. Sonst bleibst du der Pausenclown und dein Kind ein Konsument. Eine Hütte zu bauen ist gut, aber dann könntest du z. B. vorschlagen, dass dein Kind die Hütte selbst einrichtet. Du kannst auch mit deinem Kind überlegen, wie man Spielgeld herstellen könnte, sogar das Material dafür besorgen, aber dann sollte dein Kind das Ganze selbst in die Hand nehmen.

Babys und Einzelkinder

Ich will dir gestehen, dass all diese Vorschläge bei Babys und Kleinkindern eingeschränkt funktionieren. Aber auch Babys können schon wenige Minuten allein spielen und auch bei einem Baby kannst du darauf achten, dieses versunkene Spiel immer wieder anzustoßen und vor deinem inneren Auge zu haben. Denn wenn du es vor deinem inneren Auge trägst, wie das versunkene, kindliche Spiel aussieht, wenn du einfach immer wieder versuchst es anzuregen, dann wird dein Kind später viel leichter in sein Spiel finden. Es ist schon daran gewöhnt, dass Mama nicht der Pausenclown ist, es entwickelt viel eher eigene Ideen für sein Spiel.

Das bedeutet nicht, dass du dein Baby vernachlässigst oder dass es verwahrlost, wenn es einmal ohne dich spielt. Es wird dadurch immer längere Phasen geben, in denen dein Kind sich allein beschäftigt, je älter es wird. Beim Kapitel »Alltagstipps« biete ich dir Beschäftigungsideen auch für die ganz Kleinen.

Manche Menschen meinen ja, mehrere Kinder zu haben sei »stressiger«. Natürlich hast du mit einem Einzelkind all die Geschwisterstreits nicht und musst nur die Bedürfnisse eines Kindes erfüllen. Andererseits ist das Spielen natürlich wirklich einfacher, wenn Kinder nicht allein zu Hause sind. Je näher sie im Alter beieinander sind, desto besser harmoniert das Spiel auch. (Aber es gibt auch umso mehr Streit!)

Auch Kinder, die keine Geschwister haben, können in das tiefe, versunkene Kinderspiel finden. Oft sind es gerade Einzelkinder, die dies besonders gut beherrschen. Dann solltest du dir aber für einen langen Sonntag auch klar machen, dass dies nicht von morgens bis abends stattfinden kann, sondern dass dein Kind menschliche Gesellschaft braucht und dass du in diesem Fall der Gesprächspartner für dein Kind bist, auch wenn dein Kind über das Gewicht von Monstertrucks und die Schnelligkeit von Leoparden in km/h diskutieren will und du am Ende sogar für Pipi-Kacka-Pups-Witze herhalten musst.

Alltagstipps fürs vertiefte Spiel

Hier wird es nun ganz praktisch: Mit diesen Tipps findet dein Kind garantiert zum vertieften Spiel. Bei meinen Kindern haben diese Dinge funktioniert und sie tun es noch.

Vorab möchte ich dich aber darauf hinweisen, dass ich persönlich immer nach einer »Nutzen-Aufwand -Rechnung« vorgehe, wenn meine Kinder etwas Bestimmtes tun wollen. Das bedeutet, etwas darf nicht mehr Chaos, Aufräumarbeit und Sauerei machen, als es Zeit zum Spielen brachte. Denn in unserem Haushalt geht es nicht nur um das Glück der Kinder, sondern auch um mein eigenes.

Vielleicht würde ein kluger Kopf eine Formel daraus machen.

»Darf ich das, Mama?«

Darf ich einen Sandkuchen in der Wohnung backen? Darf ich den Spiegel mit Creme einschmieren? Darf ich meine Arme im Brotteig baden?

Moment. Lass mich errechnen, wie viel Zeit ich dadurch gewinne (in der du ruhig spielst und glücklich bist) und wie viel Zeit ich dadurch verliere (in der du und ich – genauer: nur ich – das Chaos wieder aufräumen müssen). Erlaubt sind alle Dinge, die dich nicht gefährden und die mehr Gewinn als Verlust bringen (oder doch zumindest gleichviel).

Das klingt jetzt ein bisschen egoistisch in Mamas hingebungsvollen, altruistischen Ohren, aber seien wir doch mal ehrlich: Solange wir noch den Teig aus dem Teppich bürsten und den Filzstift von der Scheibe kratzen, macht unser Kind schon wieder zehn neue Sachen, die richtig viel Arbeit kosten, und wir bleiben mit unserer Arbeit, mit unserem Leben, ja, selbst mit unseren Kaffeepausen total auf der Strecke. Das nervt. Und wer muss darunter leiden, wenn wir total genervt sind? Natürlich unser Kind. Ganz so egoistisch ist es also gar nicht!

Es bleibt also dabei: Erlaubt sind nur die Sachen, die mehr Zeit geben, als sie nehmen. Punkt.

»Wasser spielen«

Nein, es ist nicht so, dass meine Kinder auf dem Boden liegen und so tun, als wären sie Wasser. Wasser spielen ist bei uns ein stehender Ausdruck für Folgendes: Ein Kind (oder maximal zwei Kinder) stellen sich einen Hocker ans Waschbecken, dürfen ein wenig lauwarmes Wasser einlaufen lassen und dann mit verschiedenen Utensilien darin spielen.

Playmobil-Männchen (die mit Haaren können schwimmen, die anderen gehen unter), Boote, Hubschrauber, Lego. Aber auch Becher, winzige Vasen, Walnussschalen, Kastanien, Schleichtiere, ein Stück Seife, ... Der Fantasie sind kaum Grenzen gesetzt. Das Einzige, was auf keinen Fall geht, sind

Lappen oder Schwämme. Das kann zu großflächigen Überschwemmungen führen. Davon ist also abzuraten!

Dieses Spiel finden Kinder zwischen einem Dreiviertel Jahr und acht Jahren toll! Es kann bis zu einer Stunde für Ruhe sorgen. Hinterher die Kleider zu trocknen und um das Waschbecken herum trocken zu wischen, ist weit weniger aufwändig.

Wichtig: Die Kinder bitte nicht unbeaufsichtigt lassen. Die Kinder stehen zwar vor dem Waschbecken, aber Wasser ist trotzdem ja nicht ganz ungefährlich.

Alter: ¾ Jahr - 8 Jahre
Dauer: bis zu 1 Stunde
Aufwand: höchstens 7 Minuten aufräumen

Hose aus

Dieser kleine Tipp klingt ein bisschen lustig, ist aber toll für Kinder unter zwei Jahren: Du ziehst deinem Baby die Hose aus und am Besten auch noch die Windel. Wenn das Kind müde auf dem Boden liegt oder sitzt und langsam quengelig wird, dann kann dieser Tipp Wunder wirken für etwa zehn Minuten. Das Kind erkundet seine nackten Beine, seine lustigen Zehen und in der kurzen Zeit kühlt es auch nicht so sehr aus, dass es bedenklich ist. Falls du das Kind z. B. gerade sowieso in die Trage nehmen, aber noch schnell den

Abwasch fertig machen wolltest, dann ist »Hose aus« ein guter Zeitdehner!

Alter: unter 2 Jahren
Dauer: etwa 10 Minuten
Aufwand: halbe Minute

Knete selbst gemacht

Du kannst Knete kaufen für viel Geld und hast dann ein paar mickrige Knetstangen. Oder du investierst dein Geld in Lebensmittelfarbe und hast gleich ein Kilo Knete. Und genau das rate ich dir auch. Mit dem folgenden Rezept (das eigentlich für Kindergartengruppen gedacht ist), kannst du einen richtigen Berg Knete herstellen. Dein Kind kann ganze Landschaften damit bauen, es kann seinen Fußabdruck hineindrücken oder alle seine Playmobilmännchen darin verstecken. Wenn ein Kind richtig viel Knete zur Verfügung hat, ist die Begeisterung für das Spiel mit der Knete viel größer. Diese Knete lässt sich gut aus Kleidern waschen und, wenn sie getrocknet ist, einfach vom Boden auffegen oder -saugen. Ich bewahre sie in einer großen Plastikbox auf und sie hält einige Monate.

Hier das Rezept:

- 1000 g Mehl
- 500 g Salz
- 2–3 Päckchen Zitronensäure (Backregal)

- 700–1000 ml kochendes Wasser
- 10 Esslöffel Speiseöl (am besten wenig riechendes: Sonnenblumenöl, Olivenöl, Rapsöl)
- Lebensmittelfarbe (Ich teile meine gesamte Knete in 3 Teile, färbe einen Berg rot, einen grün und einen gelb, je nachdem, welche Farben in der Packung sind)
- Alles zusammenmixen mit dem Knethaken, bis eine angenehm knetbare Masse entsteht.

Alter: ab 1 Jahr
Dauer: bis zu 1 Stunde (pro Tag)
Aufwand: 15 Minuten Knete machen, aufräumen jedes Mal 10 Minuten
Haltbarkeit der Knete: bis zu 3 Monaten

Ton im 10-Kilo-Pack

So ähnlich wie Knete, nur natürlicher, ist Ton. Er riecht nach Lehm, hat eine sandige Farbe und lässt sich gut trocknen. Es ist ein Naturmaterial, was ein Kind sogar mit in die Natur neben kann, ohne dass es die Umwelt verschmutzt.

Meine Kinder haben meistens auf einem Brett damit richtige Landschaften geformt, aber wir haben auch gemeinsam eine Kugel gerollt und mit dem Daumen eine Kuhle hineingedrückt, bis es eine Schüssel wurde. Darin kann man schöne Steine aufbewahren, Schneckenhäuser oder getrocknete Blumen.

Wenn du einen Garten zur Verfügung hast oder eine Terrasse, kann ein Kind auch Wasser mit dem Ton vermischen und seinen Körper damit bemalen. Mit rotem Ton haben meine Kinder sich schon den ganzen Körper angemalt und Indianer gespielt. Das ist ein sinnliches Erlebnis und die Kinder erleben ihren Körper und ihre Körpergrenzen und genießen das Bemalen ihrer Haut und die Berührung, die damit verbunden ist.

Auch Ton lässt sich gut auswaschen und aufkehren, kann aber in Verbindung mit Wasser eine wahnsinnige Sauerei verursachen, weshalb bei mir nur draußen getont wird. Hier lässt sich Ton aber auch gut gemeinsam mit Steinen, Stöcken, Gras und Blumen verwenden. Einmal haben wir sogar ein ganzes Haus aus Ton (mit Stöckchen und Grasdach) gebaut, einen Garten angelegt und noch mehr.. Das brachte einen ganzen Nachmittag sinnliches und kreatives Spiel mit sich.

Die Körpererfahrung ist wunderbar für die Kinder, aber auch das Erlebnis, einfach etwas zu können. Alle Ideen sind willkommen und das Ergebnis sieht auch noch schön aus.

Ton kannst du im Internet bestellen. Achte aber darauf, dass er nicht viel mehr als 15 Euro kosten sollte, sonst ist es irgendwie künstlich veränderter Ton, der sinnlos mehr kostet.

Alter: ab ½ Jahr
Kosten: 10–14 Euro für zehn Kilo Ton
Dauer: teilweise bis zu 3 Stunden
Aufwand: kommt ganz darauf an, was dein Kind damit macht
Nutzen: sinnliche Erfahrung, Erfolgserlebnis, Körpererfahrung

Häuser, Höhlen, Forts

Zwei Stühle, ein Wäscheständer, eine große Kiste von der letzten Bestellung, ein paar Tücher – und fertig ist das Haus, die Höhle, das U-Boot, das Auto. Ein Ort für Kinder, um sich darin zu verstecken, es einzurichten und sich einfach wohlzufühlen. Die heimelige Höhle wird je nach Alter nicht unbedingt von Kindern selbst gebaut; die kannst du bauen. Spielen musst du nicht darin, das kann das Kind alleine tun (dazu mehr im Kapitel »Kindliches Spiel«).

Hilfreiches Material ist: Wäscheklammern, Decken, Bettlaken oder andere Stoffe, kleine Sandsäckchen zum Befestigen und alles, was der Haushalt so hergibt. Nicht verkünsteln, meistens reicht schon ein kleines Bauwerk!

Alter: ab 1 Jahr
Dauer: bis zu zwei Tage oder mehr
Aufwand: 5–30 Minuten Aufräumen

Verkleidungskiste

Eigentlich selbstredend: Als Anregung für das kindliche Spiel ist eine Verkleidungskiste wunderbar. Hier müssen keine fertigen und perfekten Kostüme drin sein, sondern vor allem Dinge, die vielseitig verwendbar sind. Hüte, Schals, Tücher. Es gibt diese Samttücher aus echtem Acryl, die sind überhaupt nicht teuer, geben hervorragende Ritterumhänge ab, Prinzessinnenmäntel und St.-Martins-Bekleidung. Meine drei Buben haben natürlich diverse Holzschwerter, selbstgemacht oder gekauft und Ritterkostüme, die bis in die zweite Klasse hinein auch von Besuchskindern gerne genutzt werden. Es lohnt sich also!

Die kleine Küche

Diese Idee stammt von meiner Schwiegermutter, die ihren Enkeln aus Karton eine kleine Küche gebaut hat. Drei runde Platten aus schwarzem Karton darauf, ein paar Knöpfe drangemalt und fertig ist die Küche. Du kannst auch mit Flaschendeckeln und Panzertape echte Schraubgriffe zu befestigen. Das geht schnell, einen Karton hat jeder, und wenn das Spiel vorbei ist, landet das Ganze im Papiermüll und steht nicht herum und verstaubt. Außerdem kostet es praktisch gar nichts! Diese Küche gab es bei uns jetzt schon in drei verschiedenen Versionen und sorgte jedes Mal für mindestens drei Tage Spielvergnügen.

Wie sorge ich für innere Ruhe bei Säuglingen und Kleinkindern?

Du hast jetzt viel darüber gelesen, wie sehr das kindliche Spiel für die Bedürfnisse deines Kindes sorgen kann. Wie innere Ruhe bei deinem Kind einkehrt und es im Spiel genau die Dinge lernt, die es gerade braucht. Bei Kleinkindern und Säuglingen ist es oft noch zu viel verlangt, dass sie im Spiel selbst zur Ruhe finden. Das alltägliche Leben hält für Babys so viel neues und Aufregendes bereit, dass sie sehr schnell und anhaltend außer sich geraten können. Was für uns ganz normal ist (Fernseher läuft, Handy piept, ein Auto rast vorbei, viele Menschen drängen sich auf einem Platz ...), ist für ein Baby und Kleinkind schwer zu verarbeiten und von der Aufregung ist es schwer wieder abzuschalten. Deshalb haben wir oft größte Mühe, unsere Kleinkinder und Säuglinge zu beruhigen. Wenn sie schreien, hat das nicht immer mit einer vollen Windel oder Hunger zu tun, sondern auch oft mit einer Reizüberflutung. Um mit einem Baby oder Kleinkind aber einzuüben, wie es später selbst seine Bedürfnisse erkennen und befriedigen kann, ist es wichtig, dies immer wieder mit ihm gemeinsam zu tun. Und deshalb gibt es dieses Kapitel in meinem Buch, in dem es um die innere Ruhe für Babys und Kleinkinder geht.

Tragen, Rückentragen

Es darf einfach nicht fehlen, obwohl es fast jeder kennt: das Tragen in Tuch oder Tragesack. Über das Tragen gibt es Bücher, es gibt eine Ausbildung zur »Trageberaterin« und ich könnte mich auch ohne dieselbe jetzt seitenweise in Lob ergehen.

Wahrscheinlich erzähle ich dir nichts Neues, denn das Tragen ist den meisten Müttern gut bekannt. Ich will es dir nur noch einmal ins Gedächtnis rufen, da es so unheimlich toll ist und ich überzeugt bin, dass ich es ohne Tragesack nicht geschafft hätte, drei Kinder zu haben!

Als nächstes gehe ich ein paar Mythen dazu auf den Grund.

»Mein Kind mag das nicht«

Bei Säuglingen kann die Tragetechnik entscheidend sein. Mein Jüngster fand z. B. den Tragesack, den wir hatten, einfach zu breit und so hatte er wirklich Schmerzen in den Beinen, als wir versucht haben ihn zu tragen. Wir stiegen dann schnell auf einen anderen Tragerucksack um. Wer wissen will, was wir dann genommen haben, meldet sich einfach bei mir. Außerdem gibt es Kinder, die gerne vom Körper weg gedreht getragen werden. Es gibt nur eine Trage für diese Sitzposition auf dem Markt, aber die ist absolut nicht empfehlenswert, da der Steg, auf dem die Kinder sitzen, viel zu schmal ist und den Kindern Schmerzen bereiten kann.

Außerdem tut es Kindern nicht gut, derjenige zu sein, der mit dem Gesicht zuerst vor dir hergetragen wird. Sie werden damit zum Puffer zwischen der Umwelt und dir. Das sollte genau umgekehrt sein. Das Baby sollte das Gesicht der Mutter sehen können, mit dem Rücken zur Welt, oder (wenn es dann auf dem Rücken sitzt) geschützt durch Mamas Körper die Welt sehen können. Dabei kann es sich durch Mamas Gesicht und Schutz immer die Versicherung holen, dass alles o. k. ist, und sich optimal entspannen. Falls dein Kind sich also zuerst gegen das »zum Körper Gewandte« wehrt, dann lass dich davon nicht beeindrucken. Mache kurze Probierphasen. Es hilft, dabei etwas zu singen, ruhig mit dem Kind zu sprechen, zu gehen, sich raus zu begeben. Solange du selbst ganz sicher und ruhig bist, wird es auch dein Kind bald sein. Versprochen!

»Ist mein Kind schon alt genug?«

Nach der Geburt sollten Mama und Kind zuerst eine Woche im Bett, dann eine Woche auf dem Bett und schließlich eine Woche ums Bett herum verbringen. Das ist eine alte Hebammen-Regel. Danach kannst du dein Kind ohne Bedenken in die Trage nehmen (auf dem Bauch). Außer es gibt gewisse medizinische Indikationen, die dagegensprechen!

Afrikanerinnen tragen ihr Kind sehr bald auf dem Rücken und halten sich wahrscheinlich nicht an Vorgaben wie wir Europäerinnen und sie schaden ihren Kindern garantiert nicht damit. Aber ganz europäisch und bedenkenlos kannst du dein Kind auf den Rücken nehmen, sobald es sitzen kann. Lass dir unbedingt von jemandem zeigen (oder schau es dir bei YouTube als Video an), wie du dein Kind auch alleine auf den Rücken bekommst und wieder herunter, dann könnt ihr beide wunderbar gemeinsam einkaufen oder spazieren gehen. Wenn du dein Kind nicht alleine vom Rücken herunter bekommst, bist du ja aufgeschmissen!

»Der Kopf hängt und schleudert so, wenn das Kind schläft«

Dieses Gegenargument ist sehr umstritten. Meine Hebammen sagten darüber, dass die Gelenke der Kinder noch so weich sind, dass dies nichts ausmacht. Ich habe mich bei argem Geschleuder nicht mehr wohl gefühlt und versucht, den Kopf zu fixieren. Fast alle Tragen haben die Möglichkeit dazu. Er muss auch nicht allzu fest sitzen; ein bisschen Halt reicht schon aus.

»Mein Kind ist zu groß zum Tragen«

Mein kleinster Sohn ist jetzt drei Jahre alt und ich nehme ihn mittags in die Trage zum Einschlafen. Ich trage ihn vorne. Sobald er schläft, lege ich ihn ins Bett, und dort schläft er weiter. Auf dem Rücken getragen habe ich ihn noch bis vor ein paar Monaten. Das fand er auch noch gut, mir wurde er ab dann aber einfach zu schwer.

»Vom Tragen tut mir der Rücken so weh!«

Bevor der Rücken der Mama leidet, lieber aufhören. Bis dahin: Warum nicht tragen? Tragen ist für Kinder immer schön und entspannend und sie können die Welt erfahren, ohne ständig selbst mitmischen zu müssen. Gerade im Nachmittagsloch, wenn das Kind ständig hinfällt oder weint, weil es eigentlich müde ist, kann Tragen auch mal eine gute Pause für das Kind bedeuten.

Falls du wirklich Rückenschmerzen bekommst, ist es natürlich auch wichtig, Gegenmaßnahmen zu ergreifen: Du kannst verschiedene Übungen machen, um deine Rückenmuskulatur zu stärken. (Dafür findest du auch super Videos auf YouTube.) Rückenschmerzen rühren in der Regel davon her, dass wir uns zu wenig und falsch bewegen und unsere Muskulatur zu schwach geworden ist, nicht ausschließlich davon, dass wir unser Baby tragen.

Ich bin ein absoluter Trage-Fan und würde gerne noch ganz viele Babys in der Trage herumtragen und ich wünsche dir, Mama, und deinem Kind eine wunderschöne gemeinsame Trage-Beziehung.

Singen

Jeder Musiker wird es mir unterschreiben: Musik hat eine Seele. Musik ist etwas, das die Emotionen anregen kann, das traurig, fröhlich, aufgedreht oder ruhig wirken kann und Menschen schon immer mitreißen konnte. Sklaven sangen auf den Feldern, die Werbung nutzt Musik, um Emotionen zu wecken. Musik kann ganze Massen in Ekstase versetzen..

Auf ein Kind und vor allem auf ein Baby wirkt in erster Linie die menschliche Musik, die du selbst produzierst, also das Singen. Denn natürlich ist es für das Kleine wichtig, deine Stimme zu hören. Wenn dein Kind also satt, sauber und bei dir ist und trotzdem brüllt, dann hilft singen.

Wenn du jetzt ganz tricky meinst, du könntest deine Stimme ja aufnehmen und abspielen, dann ist das eine lustige Idee, aber ich glaube, sie hilft nicht annähernd so viel wie wirklich selbst zu singen. Singen wirkt nämlich auf euch beide, aus folgenden Gründen:

- Singen ist emotional, kann also die Stimmung verändern. In Bezug auf eine verzweifelte Mama und ein heulendes Baby ist dieser Tipp Gold wert, denn Singen kann tatsächlich die eigene Stimmung aufhellen und dein Baby beruhigen.
- Wenn du nämlich stumm damit kämpfst, dass sich dein Baby nicht beruhigen lässt, dass du absolut verzweifelt und müde bist und dich eigentlich nur hinlegen willst, steigert sich auch die Verzweiflung von deinem Baby immer mehr. Es ist ein Teufelskreis: Dein Baby spürt, es stimmt was nicht, bekommt keine Resonanz mehr von dir, keine beruhigenden Laute sind mehr zu hören. Dadurch steigt sein Einsam-

keitsgefühl und es brüllt. Und deine Verzweiflung und Sorge wächst.

- Um zu singen, musst du innerlich einigermaßen »anwesend« sein. Das spürt dein Kind sofort. Außerdem holt dich dieses »Präsentsein« ins Hier und Jetzt und das wirkt wirklich sehr beruhigend auf dein Kind. Du als Erwachsene kannst dich selbst »aus der Scheiße ziehen« (um es mal drastisch zu formulieren) und sobald es dir besser geht, geht es auch deinem Kind besser.
- Es besteht diese Symbiose zwischen dir und deinem Säugling: Deine Stimmung ist seine Stimmung, denn dein Baby ist abhängig davon, dass du verstehst, wie es ihm geht und ihm hilfst. Wenn du deine Stimmung aufhellst, indem du singst, beruhigst du dein Baby.
- *Wenn sich mein Baby nicht beruhigen lässt, bin ich aber so verzweifelt, dass ich gar keine Lust habe zu singen*, sagst du jetzt vielleicht. Du hast alles versucht, dein Kind ist satt, dein Kind ist sauber, es ist bei dir und brüllt trotzdem. Versuch einfach mal zu singen. Meine Kinder haben tatsächlich oft aufgehört zu weinen, wenn ich gesungen habe, und ich bin wirklich keine Nachtigall.
- *Ich kenne aber keine Texte*, magst du vielleicht auch einwenden. Das ist völlig egal. Ehrlich. Bei meinem Großen habe ich noch Heavy-Metal-Lieder ge-

brummt – inzwischen kann ich zwangsläufig viele Kinderlieder auch mit Text. Beides hat aber gleich gut gewirkt, da gab es keinen Unterschied.

Gesungen habe ich übrigens, als meine Kinder älter waren, aus bebilderten Liederbüchern. Besonders wenn ich das eine Kind stillen musste und das andere kaum davon abhalten konnte, die Wohnung zu verwüsten, habe ich das »große« Kind neben mich gesetzt und Liederbücher durchgesungen. Dadurch lernst du irgendwann auch die Texte und es macht sogar ein bisschen Spaß.

Das innere Bild

Dieses Kapitel birgt ein wahres »Geheimrezept« für Mamas. Wäre es nicht brillant, wenigstens ein bisschen Magie zu beherrschen? Die hilft dir zwar nicht dabei, das Chaos im Spielzimmer in den Griff zu bekommen, kann dir aber durchaus den Alltag sehr erleichtern. Und so funktioniert es:

Finn und Nele am Morgen anzuziehen gleicht einem frustrierenden Hürdenlauf: Finn ist grundsätzlich unzufrieden mit der Kleiderwahl und schreit wie am Spieß, während Nele sich wenigstens nur gegen den Schneeanzug wehrt und das Frühstück verweigert. Während Melissa Nele anzieht, leert Finn die Klötzchen aus und verteilt großzügig Mehl darüber. Es ist zum Verzweifeln. Sie fühlt sich so müde und frustriert, denn der Tag beginnt schon wieder chaotisch und anstrengend.

Das Gehirn ist ein sehr komplexes Instrument, welches erstaunliche Leistungen vollbringen kann. Ob du nun an das esoterische Übersinnliche glaubst, das dir deine Wünsche erfüllen kann, oder ob dir das schwerfällt und du lieber etwas über neueste Ergebnisse der Hirnforschung erfährst, das Ergebnis ist das Gleiche. Wenn du dir ein inneres Bild von einer Situation machst, beeinflusst du damit deine Realität maßgeblich. Vor allem, wenn du es mit Kindern zu tun hast, die deine innere Haltung sofort übernehmen und nachahmen, scheint es manchmal wirklich wie Zauberei zu sein. Das nennt sich auch »selbsterfüllende Prophezeiung«.

Hast du schon beim Aufwachen das Gefühl, nichts unter Kontrolle zu haben und immer nur hinter der Zeit und den Ereignissen her zu hetzen, um sie qualvoll zu erleiden, dann wird auch alles schief gehen. Du rufst es herbei, du nimmst es auch genau so wahr. Der Becher fällt, die Windel quillt über, das Kleinkind brüllt, die Zahnpasta tropft auf dein frisches Shirt. Es ist ein Pechtag, wie er im Buche steht. Das absolute Chaos.

Wenn du aber mit einem freudigen inneren Bild erwachst, dem Bild davon, wie dieser Morgen ablaufen kann, dann wird sich nach und nach deine Realität diesem Bild anpassen. Sie kann gar nicht anders, denn deine Wahrnehmung ist auf ganz andere Dinge gerichtet. Erstaunlich, das Kind hat einfach das Brot gegessen, das du ihm geschmiert hast! Heute hat sich das Baby schneller beruhigt, hat der Junge gerade wirklich sofort getan, was du gesagt hast? Wow!

Dieses positive innere Bild kann dir in stressigen Situationen helfen, aber auch mit einzelnen Personen. Du kannst dir vorstellen, wie du mit deinem großen Sohn in eine positive Beziehung trittst, wie du plötzlich merkst, wo er sich für dich bemüht. Du bist deinem Sohn gegenüber dann viel offener, freundlicher eingestellt und kannst auch eher erkennen, wo er dir wirklich entgegenkommt. Du merkst aber auch, dass es doch inzwischen schon Dinge gibt, die dein Kind einfach so mitmacht, ohne in Gebrüll auszubrechen.

So gelangst du zu einem positiven inneren Bild

Wenn der Morgen immer stressig und der große Sohn ständig auf Konfrontationskurs ist, wie sollst du dann zu einem positiven Bild gelangen?

Das Gehirn arbeitet so, dass es deine inneren Vorstellungen bestätigt. Erfahrungen, die man gemacht hat, werden wiederholt.

Ein Beispiel aus meinem Alltag: Mein kleinster Sohn legt sehr viel Wert auf sein Äußeres. Es ist ihm also wichtig, welche Hose er anhat und welches Shirt. Du kannst es dir bestimmt schon gut vorstellen, dass das zu großen Konflikten führen kann, wenn nicht die richtigen Kleider da sind, die heilige Hose in der Wäsche oder das falsche Wetter für seine Lieblingssachen ist. Wenn ich mit ihm also zum Anziehen gehe (er kann es noch nicht ganz allein), fürchte ich schon einen Zusammenbruch mit Schreiattacke. Wenn ich ihm also eine Hose vorschlage, erwarte ich, dass er brüllend zusammenbricht. Wenn er das nicht tut, nehme ich das oft gar nicht als so wichtig wahr. Ich merke mir nur: »Er bricht immer zusammen«, weil ich diese Erfahrung schon so oft gemacht habe.

Damit du lernst, vermehrt Positives wahrzunehmen, kannst du dein Hirn überlisten. Versuche dir und deinem Gehirn Erfahrungen »vorzugaukeln«. Sammle zum Beispiel am Abend, kurz bevor du dich schlafen legst, die wenigen Erfahrungen zusammen, in denen dein Sohn getan hat, was du wolltest. Wenn dir davon nicht zu viele einfallen, dann stelle sie dir einfach vor. Du musst nur versuchen, möglichst viele Sinneskanäle zu »bedienen«. Du stellst dir also die Situation genauso vor, als wenn sie wirklich passiert wäre. Wie hat er ausgesehen, was hast du wahrgenommen? Was hat er gesagt und getan? Was hast du dabei gehört und was gerochen?

Wenn du diese »Erfahrungen« also gut verknüpft hast, wird dein Gehirn am nächsten Tag oder in den nächsten Tagen anfangen, kleine Dinge wahrzunehmen, in denen dein Sohn wirklich mit dir kooperiert. Das ist dir vorher noch gar nicht aufgefallen. Aber wirklich: Er ist aufgestanden, als du ihn geweckt hast. Dann hat er sich zwar nicht angezogen, aber er ist zum Frühstück gekommen. Er hat sogar einen winzigen Moment gelächelt, als du ihm das Frühstück hingestellt hast, und das ist ja nun wirklich – fast ein Dankeschön, oder?

Ein starkes und gutes Bild von einer Situation hilft auch deiner Willenskraft. Du kannst das Bild genau vor dir sehen, jetzt musst du nur noch dafür sorgen, dass es auch passiert. Plötzlich traust du dich, etwas zu »fordern«, was dir vorher völlig unmöglich erschien. Und siehe da: Dein Kinder räumen wirklich auf. Nur weil du es gesagt hast! Wie ist das möglich? Das muss doch mütterliche Magie sein ...

Wenn du Zeit gibst, bekommst du auch Zeit

Manche Prinzipien kann man am allerbesten mit Kindern lernen. Nicht, weil Kinder sie einem umständlich erklären, sondern weil man mit ihnen sofort merkt, wenn man einen Fehler macht oder falschen Annahmen folgt. Deshalb sind Kinder sehr gute Lehrmeister für unser eigenes Leben. Dafür können wir Ihnen dankbar sein!

Kennst du das Gefühl? Du möchtest nur endlich mal diese zwei Seiten lesen, aber dein Kind scheint dich wie verrückt davon abhalten zu wollen. Es zerrt, es quengelt, es schreit oder ist zornig, es haut die Schwester oder versucht die Wohnung zu fluten. Je mehr du deinem Kind hinterherstolperst, desto ungeduldiger und ungehaltener wirst du. Ist es denn nicht möglich, nur diese zwei Seiten noch zu lesen? Das ist doch nicht zu viel verlangt!

Ich verrate dir jetzt einen kleinen, aber feinen Trick. In dem Augenblick, in dem du deinem Kind wirklich nachgibst, wirst du deine zwei Seiten in absehbarer Zeit lesen dürfen. Versprochen. *Ich gebe doch schon nach*, denkst du jetzt. Aber auch hier geht es um *das wahre Nachgeben*, das auch innerlich passiert. Solange du stöhnst und dich eigentlich wehren willst, zerrt dein Kind an dir, denn es spürt, dass du dich mit etwas anderem beschäftigen willst. Dies will dein Kind aber nicht, und Kinder haben einen siebten Sinn für so etwas. Sobald du nämlich z. B. in einer Zeitschrift versinkst, hat dein Kind das Gefühl, du bist nicht da.

Halte also inne, atme tief durch um deinem Kind zu signalisieren: »Ich bin da.« Du hilfst ihm, den Anhänger vom Playmobil-Auto anzuhängen, den Teddy zu füttern, den Turm zu bauen oder was immer es gerade so zwingend und dringend von dir will. Und in dem Augenblick, in dem du wirklich auch innerlich nachgibst, dich also auf dein Kind einlässt, wirst du recht schnell den Augenblick bekommen, den du für dich haben willst. Denn jetzt muss dich dein Kind nicht mehr halten. Es spürt ja, dass du da bist.

Wenn du also Zeit gibst, bekommst du Zeit.

Wie dieses Prinzip funktioniert, lernten wir ja bereits im Kapitel »Innere Struktur«. Wenn du kurz innehältst, um dich selbst zu ordnen (auch wenn das Innehalten eigentlich Zeit frisst), dann gewinnst du Zeit. Durch innerliches Ordnen gewinnst du Zeit – und wenn das Ordnen eben Zeit kostet. Das ist ein Prinzip im Leben, das nicht nur bei Kindern funktioniert. Aber bei ihnen besonders gut!

Nein sagen

In diesem Kapitel geht es nicht darum, dass Kinder Grenzen brauchen. Kinder haben genügend Grenzen: Sie sind kleiner, schwächer und weniger kompetent als erwachsene Leute. Schon allein einen Stuhl zu besteigen und mit den Händen auf den Tisch zu langen, ist für ein Kind ungleich schwerer als für einen Erwachsenen. Das sind die Grenzen, mit denen ein Kind täglich zu tun hat. Mehr davon braucht es nicht.

Doch damit das Zusammenleben mit einem Kind (aber auch mit allen anderen Menschen) gut funktioniert, brauchst du ein Tool, um dich milder, freundlicher und vor allem liebevoller zu stimmen. Ein Tool, das dir erlaubt, Ja zu etwas zu sagen. Und dieses Tool heißt: *Nein sagen.*

Das ist doch einfach, denkst du jetzt, *Nein sagen kann ja jeder.*

Stimmt nicht. Nein zu sagen ist eines der schwersten Dinge, vor allem für Mamas. Sobald Mama zu etwas Nein sagt, spürt sie das schlechte Gewissen in sich aufsteigen. »Nein, ich lese jetzt nicht vor« oder: »Nein, ich möchte diesen Teig jetzt alleine zusammenkneten.«

Wann hast du diese Sätze das letzte Mal ohne schlechtes Gewissen gesagt?

»Nein, Mama möchte einen Feierabend. Du gehst jetzt ins Bett!«

»Aber Mama, ich will bei dir sein!«

Ja, aber ich will nicht, dass du bei mir bist. Hast du das schon einmal ohne schlechtes Gewissen auch nur gedacht?

Falls ja, dann brauchst du hier nicht weiter zu lesen. Die meisten Mamas empfinden es aber schon als Blasphemie, diese Worte auch nur hier zu lesen. *Wie kann die Autorin nur?! Das ist doch gemein!*

Doch seien wir mal ehrlich: Es gibt Neins. Es gibt Zeiten, in denen wir nicht vorlesen wollen. Es gibt sogar Zeiten, die wir nicht mit unseren Kindern verbringen wollen. Es gibt sie wirklich, diese Person hinter der Mama. Die auch mal einen spannenden Film gucken will, der nicht gut für die kindliche Psyche ist. Die einfach nur Löcher in die Luft starren will. Die Schundromane lesen will, Musik hören oder die sogar ein Hobby oder eine Leidenschaft hat.

Warum erlauben wir uns nicht mehr, diese Person zu sein? Natürlich kommen wir weniger dazu, müssen unsere eigenen Wünsche hintanstellen, und natürlich können wir nicht gut einem schreienden Säugling ein lapidares »Nein!« hinknallen, denn dieser Säugling ist ja existenziell von uns abhängig. Aber wieso glauben wir, dass wir auch nicht Nein zum Uno-Spielen sagen dürfen? Wieso müssen wir zum hundertsten Mal die CD von Rolf Zuckowski anhören, wenn wir schon graue Haare und einen Hörsturz davon bekommen?

Nur wer sich traut Nein zu sagen, kann auch aus ganzem Herzen Ja sagen.

In dem Moment, in dem wir uns zugestehen, einmal nicht Vier gewinnt zu spielen oder mit unserem Zweijährigen zu puzzeln, entsteht in uns ein Gefühl der Liebe für unser Kind. In jedem Moment, in dem wir uns gezwungen fühlen, Ja zu sagen, aber innerlich Nein meinen, lehnen wir unser Kind ab. Und das ist für unser Kind Lug und Trug: Es fällt nicht darauf rein. Kinder sind ja nicht doof, nur klein!

Jedes ehrlich gemeinte Nein ist also ein Geschenk, das du deinem Kind machst. Dabei erfährt es, wer du wirklich bist. Du kannst das Nein sogar freundlich sagen, liebevoll. Du musst dich nur selbst disziplinieren, damit du dir danach kein schlechtes Gewissen erlaubst. Das ist nämlich unnötiger Ballast, der eure Beziehung vergiftet. Mit diesem schlechten Gewissen hilfst du niemanden. Verbiete es dir einfach. Wenn du einmal Nein gesagt hast, wirst du auch einmal wieder ehrlich Ja sagen können.

Mit Überzeugung überzeugen

Kennst du den Film „28 Tage“ mit Sandra Bullock? Der Film spielt in einer Entzugsklinik. In einer Szene sollen die Patienten während einer Therapiesitzung den Huf eines Pferdes aufheben, um ihn auszukratzen. Das Pferd ist ein wunderbarer Spiegel für den Menschen. Ist der Mensch in der Interaktion mit dem Pferd nicht eindeutig, überzeugt und innerlich stark, reagiert es nicht. Ein Pferd ist stärker als jeder Mensch. Der Mensch kann es aber steuern. Und zwar kraft seines Willens.

Wenn Melissa also sagt: „Finn, könntest du bitte jetzt kommen?“, dabei aber innerlich zittert, da sie weiß, dass Finn jetzt bestimmt jetzt keine Lust dazu haben wird, wird sie sicher nichts erreichen, denn Finns Willen ist in diesem Augenblick viel stärker als ihrer. Der Wille hat nichts mit Lautstärke oder Körperkraft zu tun. Auch nicht damit, aggressiv oder wütend zu handeln. Der Wille ist in deinem Inneren und du kannst ihn deutlich spürbar machen mit deiner Sprache: klar, entschlossen und ohne Raum für Fragen zu lassen.

„Ich möchte, dass du deine Schwester jetzt in Ruhe lässt. Du kannst dort in der Hütte spielen.“ Punkt. Keine Diskussion. Keine Fragen. Du kannst dies mit ruhiger, aber bestimmter Stimme vortragen. Und du wirst überrascht sein, wie gut dein Kind darauf reagieren wird.

Doch wie kommst du zu dieser Überzeugung?

1. Lies noch einmal das Kapitel über „Wegnehmen und Abnehmen“, in dem es darum geht, dass es auch „bedürfnisorientiert“ sein kann, einem Kind die Entscheidung abzunehmen.
2. Richte dich auf!
3. Tiefe Stimme!
4. Keine Frage am Ende des Satzes, lieber ein Ausrufezeichen!
5. Du bist die Erwachsene – du hast den Überblick. Und du bist diejenige, die eine Uhr lesen kann und die Zusammenhänge überschaut. Also darfst du auch entscheiden.

Zusammenfassung

Es ist nicht immer leicht, Mama zu sein, aber du brauchst es nicht zu bereuen!

Mamas haben eine einmalige Chance: Sie haben die besten Lehrmeister, um etwas zu lernen, was sie für ihr Leben am allermeisten brauchen können. Nämlich ihr eigenes Leben wieder selbst zu gestalten, eigene Bedürfnisse zu erkennen und für sich selbst zu sorgen. Oft glauben wir, dass wir das schon konnten, bevor wir Kinder bekamen. Aber in Wahrheit können das die wenigsten von uns. Wir fühlen uns von Arbeit, Gesellschaft und Verwandtschaft fremdbestimmt und wissen nicht, wie wir aus diesem Hamsterrad aussteigen sollen. Doch dann kommen unsere Kinder auf die Welt und wir werden in noch viel höherem Maße mit diesem Gefühl konfrontiert: Bis wir es lernen – oder das Mama-sein ablehnen und »regretten«, also bereuen.

Ich wünsche mir, dass wir als Mamas wieder mehr zu uns stehen können, unser Leben gestalten lernen und die Anwesenheit unserer Kinder genießen können. Und zwar nicht nur, wenn sie gerade schlafen.

Ich wünsche Dir, dass du einen Schritt weiter gekommen bist und einige Veränderungen vornehmen kannst, denn was du jetzt lernen kannst, das lernst du für dich, für dein Leben, für dein Glück und natürlich auch für das deiner Familie!

Epilog

Melissa ist jetzt auf dem Weg, langsam ihren Alltag zurückzuerobern. Sie hat einige Programmpunkte gestrichen und durch Nichtstun ersetzt. Obwohl Nichtstun so gar nicht stimmt. Sie trifft sich mindestens einmal in der Woche mit Freunden, deren Kinder genauso alt sind wie ihre eigenen. Sie hat ein Hobby für sich neu entdeckt: Häkeln. Sie hat angefangen einen ganzen Kleintierzoo für Finn und Nele zu häkeln und festgestellt, dass Finn wunderbare Landschaften für seine Häkeltiere aufbauen kann, ohne ihre Hilfe und nur mit großem Lego oder Steinen und Ästen.

Melissa hat gelernt, ihre eigenen Bedürfnisse besser wahrzunehmen und liest mitten am Tag manchmal einfach eine Zeitschrift und freut sich unheimlich über diese halbe Stunde Ruhe. Sie klärt mit Finn, wenn Nele schläft: »Du liest dein Buch, ich lese mein Heft!« Und sie bleibt so ruhig und bestimmt dabei, dass Finn es auch wirklich akzeptiert.

Melissa hat wieder einen Feierabend: Wenn Nele und Finn am Abend schlafen, hängt sie manchmal noch eine Ladung Wäsche auf, aber ansonsten ist alles fertig. Sie hat es geschafft, ihren Haushalt am Tag zu erledigen, während die Kinder anwesend sind und spielen. Am Abend sieht das Haus also einigermaßen ordentlich aus und die ganze Familie kann am nächsten Morgen recht geordnet in den neuen Tag starten.

Und dieser Start sieht inzwischen so aus, dass Melissa vor den Kindern aufsteht. Es gelingt ihr meistens, fünf Minuten vorher aufzustehen, aber das hilft schon viel. Sie hat den Tag schon begonnen, ehe die Kinder etwas von ihr brauchen und wollen. Dabei bleibt sie die Herrin über ihren eigenen Tag und gibt nicht alle Fäden an die Kinder ab.

Am allerbesten gefällt es Melissa, wenn Finn und Nele gemeinsam draußen spielen und sie mit Sven ein paar Takte reden kann. Ohne dass sie die Kinder auf dem Schoß hat. Ohne Quengeln im Ohr. Einfach nur sie beide. Am hellen Tag. Wenn beide wach und fit sind. Und obwohl diese Momente noch nicht so lang sind, sind sie unbezahlbar!

Melissa ist wieder gerne Mama.

Und das spürt ihre Familie.

Weitere Infos

Wenn es dir wie Melissa geht und du gerne einüben würdest, wie du den Alltag für dich zurückeroberst, dann habe ich gute Nachrichten für dich:

Ich lade dich herzlich ein, die Blogartikel auf meiner Website »Familienuniversum» lesen, um noch tiefer in die Themen einzusteigen und Tipps zu unterschiedlichen Bereichen des Mama-Lebens zu erhalten.

Printed in Poland
by Amazon Fulfillment
Poland Sp. z o.o., Wrocław

54850722R00063